八閩文庫

八閩文庫

要籍選刊

34

採硫日记

小琉球漫志

［清］郁永河 撰

于莉莉 點校

［清］朱仕玠 撰

林春虹 點校

海峽出版發行集團
THE STRAITS PUBLISHING & DISTRIBUTING GROUP
福建教育出版社

二〇一九年八閩文庫出版工程領導小組

組　長　梁建勇

副組長　楊賢金

成　員　施宇輝　馮潮華　賴碧濤　陳熙滿
王建南　黄　誌　卓兆水　葉飛文
陳　强　林守欽　王秀麗　蔣達德

二〇二〇年八閩文庫出版工程領導小組

組　長　邢善萍

副組長　郭寧寧

成　員　施宇輝　馮潮華　賴碧濤　陳熙滿
肖貴新　王建南　黄　誌　卓兆水
葉飛文　陳　强　林守欽　王秀麗
林義良

二〇二二年八閩文庫出版工程領導小組

組　長　張　彦

副組長　鄭建閩

成　員

林端宇　鄭家紅　顔志煌　黄國劍

許守堯　肖貴新　林　生　黄　誌

卓兆水　吴宏武　陳　强　張立峰

鄭東育　林義良　林　彬

二〇二三年八閩文庫出版工程領導小組

組　長　張　彦

副組長　王金福

成　員

林端宇　鄭家紅　顔志煌　黄國劍

許守堯　肖貴新　黄　誌　陳熙滿

吴宏武　林　生　李　潔　張立峰

鄭東育　黄葦洲　林　彬

八閩文庫編纂委員會

八閩文庫總序

葛兆光　張　帆

一

在傳統中國的文化史上，福建算是後來居上的區域。經歷了東晉、中唐、南宋幾次大移民潮，浙、閩之間的仙霞嶺，早已不是分隔内外的屏障，而成了溝通南北的通道。歷史使得福建越來越融入華夏文明之中，唐宋兩代，特别是在「背海立國」的宋代，東南的經濟發達，海洋的地位凸顯，福建逐漸從被文明中心影響的邊緣地帶，成爲反向影響全國文明的重要區域。在七世紀的初唐，詩人駱賓王曾説「龍章徒表越，閩俗本殊華」（駱臨海集箋注卷二晚憩田家，陳熙晉箋注，上海古籍出版社一九八五年，第三六頁），前一句説的是華夏的衣冠對斷髮文身的越人没有用，後一句説的是閩地的風俗本來就與華夏不同，意思都是瞧不起東南。但是，到了十五世紀的明代中期，黄仲昭在弘治八閩通志序裏卻説，八閩雖爲東南僻壤，但自唐以來文化漸盛，「至宋，大儒君子接踵而出」，實際上它的文明程度，已經「可以不愧於鄒魯」（四庫全書存目叢書史部一七七册，齊魯書社一九九六年，第三六四頁）。

的確，自從福建在唐代出了第一個進士薛令之，而且晉江有歐陽詹，福清有王棨，莆田有徐夤、黄滔這些傑出人物之後，到了更加倚重南方的宋代，福建出現了蔡襄（一〇一二—一〇六七）、陳襄（一〇一七—一〇八〇）、游酢（一〇五三—一一二三）、楊時（一〇五三—一一三五）、鄭樵（一一〇四—一一六二）、林光朝（一一一四—一一七八）、朱熹（一一三〇—一二〇〇）、蔡元定（一一三五—一一九八）、陳淳（一一五九—一二二三）、真德秀（一一七八—一二三五）等一大批著名文人士大夫。這些出身福建或流寓福建的士人學者，大大繁榮和提升了這裏的文化，甚至使得整個中國的文化重心逐漸南移，也許，就像程頤説的那樣「吾道南矣」（宋史卷四二八道學楊時傳，中華書局一九七七年，第一二七三八頁）。也就是説宋代之後，原本偏在東南的福建，逐漸成了中國重要的文化區域。

不過，習慣於中原中心的學者，當時也許還有偏見。以來自中心的偏見視東南一隅的福建，那時福建似乎還是「邊緣」。雖然人們早已承認福建「歷宋逮今，風氣日開」（黄虞稷閩小紀序，撰於康熙五年，續修四庫全書史部七三四册，上海古籍出版社二〇〇二年，第一二七頁），但有的中原士人還覺得福建「僻在邊地」。像北宋樂史的太平寰宇記，一面承認「此州（福州）之才子登科者甚衆」，一面仍沿襲秦漢舊説，稱閩地之人「皆蛇種」，並引十道志説福建「嗜欲、衣服，别是一方」（樂史太平寰宇記卷一〇〇江南東道一二，中華書局二〇〇七年，第一九九一頁）。所以，歷史上某些關於福建歷史、文化和風俗的著作，似乎還在以中原或者江南的眼光，特别留心福建地區與核心區域不同的特異之處，筆下一面凸顯異域風情，一面鄙夷南蠻鴃舌。但是從大的方面説，我們看到宋代以降，實際上福建與中原的精英文化越來越趨向同一，正如宋人祝穆方輿勝覽所説，「海濱幾及洙泗，百里三狀元」，前一句裏所謂「洙泗」即孔子故鄉，這是説福建沿海文風鼎盛，幾乎趕得上孔子故里；後一句裏「三狀元」是指南宋乾道年間福建登第的三個狀元，即乾道二年（一一六六）的蕭國梁、乾道五年的鄭僑和乾道八年的黄定，他們都是福建永福（今永泰）這個地方的人（祝穆新編方輿勝覽卷一〇，施和金點校，中華書局二〇〇三年，第一六三頁）。

文化漸漸發達，書籍或者文獻也就越來越多，福建文獻的撰寫者中不僅有本地人，也有流寓或任職於閩中的外地人。日積月累，這些文獻記録了這個多山臨海區域千年的文化變遷史，而八閩文庫的編纂，正是把這些文獻精選並彙集起來，爲現代人留下唐宋以來有關福建的歷史記憶。

二

福建鄉邦文獻數量龐大，用一個常見的成語説，就是「汗牛充棟」。那麽多的文獻，任何歸類或叙述都不免挂一漏萬。不過，我們這裏試圖從區域文化史的角度，談一談福建文獻或書籍史的某些特徵。

毫無疑問，中國各個區域都有文獻與書籍，秦漢之後也都大體上呈現出華夏同一思想文化的底色，但各區域畢竟有其地方特色。如果我們回溯思想文化的歷史，那麽，唐宋之後福建似乎也有一些特點。恰恰因爲是後來居上的文化區域，所以福建積累的傳統包袱不重，常常會出現一些越出常軌的新思想、新精神和新知識。這使得不少代表新思想、新精神和新知識的人物與文獻，往往先誕生在福建。衆所周知的方面之一，就是宋代儒家思想的變遷。應當説，宋代的理學或者道學，最初乃是一種批判性的新思潮，一些儒家士大夫試圖以屬於文化的「道理」鉗制屬於政治的「權力」，所以，極力强調「天理」的絶對崇高，人們往往稱之爲道學或理學，也根據學者的出身地叫作「濂洛關閩之學」。其中，「閩」雖然排在最後，卻應當説是宋代新儒學的高峰所在，以至於後人乾脆省去濂溪和關中，直接以「洛閩」稱之（如清代張夏雒閩源流録），以凸顯道學正宗，恰在洛陽的二程與福建的朱熹，而道學最終水到渠成，也正是在福建。因爲宋代道學集大成的代表人物朱熹，雖然祖籍婺源，卻出生在福建，而且相當長時間在福建生活。他的學術前輩或精神源頭，號稱「南劍三先生」的楊時、羅從彦（一〇七二—一一三五）、李侗（一〇九三—一一六三），也都是南劍州即今福建南平一帶人，他的提攜者之一陳俊卿（一一一三—一一八六），則是興化軍即今莆田人，而他的最重要的弟子黄榦（一一五二—一二二一）是閩縣（今福州）人，陳淳是龍溪（今龍海）人。

正是在這批大學者推動下，福建逐漸成爲圖書文獻之邦。慶元元年（一一九五），朱熹在福州州學經史閣記中曾經説，一個叫常濬孫的儒家學者，在福州地方軍政長官詹體仁、趙像之、許知新等資助下，修建了福州府學用來藏書的經史閣，即「開之以古人數學之意，而後爲之儲書，以博其問辨之趣」（朱文公文集卷八〇，朱子全書第二四册，上海古籍出版社、安徽教育出版社二〇一〇年，第三八一四頁）。宋代之後，經由近千年的日積月累，我們看到福建歷史上出現了相當多的儒家論著，也陸續出現了有關儒家思想的普及讀物。大家可以從八閩文庫中看到，這裏收録的不僅有朱熹、真德秀、陳淳的著述，也有明清學者詮釋理學思想之作，像明人李廷機性理要選、清人雷鋐雷翠庭先生自恥録等等，應當説，這些論著構成了一個歷經宋元明清近千年的福建儒家文化史。

三

説到福建地區率先出現的新思想、新精神和新知識，當然不應僅限於儒家或理學一系。更應當記住的是，從宋代以來，中國政治、經濟和文化的重心，逐漸從西北轉向東南，一方面由於中原文化南下，被本地文化激蕩出此地異端的思想，另一方面海洋文明東來，同樣刺激出東南濱海的一些更新的知識。

我們注意到，在福建文獻或書籍史上，呈現了不少過去未曾有的新思想、新精神和新知識。比如唐宋之間，福建不僅出現過譚峭（生卒年不詳）化書這樣的道教著作，也出現過像百丈懷海（約七二〇—八一四）、溈山靈佑（七七一—八五三）、雪峰義存（八二二—九〇八）那樣充滿批判性的禪僧，還出現過禪宗史上撰於泉州的最重要禪史著作祖堂集。又如明代中後期，那個驚世駭俗而特立獨行的李贄（一五二七—一六〇二），有人説他的獨特思想，就是因爲他生在各種宗教交匯融合的泉州，傳説他曾受到伊斯蘭教之影響，當然更因爲有佛教與心學的刺激，使他成了晚明傳統思想世界的反叛者。而另一個莆田人林兆恩（一五一七—一五九八），則是乾脆開創了三一教，提倡「三教合一」，也同樣成爲正統的政治意識形態的挑戰者。再如明清時期，歐洲天主教傳教士「梯航九萬里」，也把天主教傳入福建，特别是明末著名傳教士艾儒略（一五八二—一六四九）應葉向高（一五五九—一六二七）之邀來閩傳教二十五年，從而福建才會有「三山論學」這樣的思想史事件，也産生了三山論學記這樣的文獻。無論是葉向高，還是謝肇淛，這些思想開明的福建士大夫，多多少少都受到外來思想的刺激。最後需要特别提及的是，由於宋元以來，福建成爲向東海與南海交通的起點，所以，各種有關海外的新知識，似乎都與福建相關，宋代趙汝适撰寫諸蕃志的機緣，是他在泉州市舶司任職；元代汪大淵撰寫島夷志略的原因，也是他從泉州兩度出海。由於此後福州成爲面向琉球的接待之地，泉州成爲南下西洋的航線起點，因而福建更出現了像張燮東西洋考、吳朴渡海方程、葉向高四夷考、王大海海島逸志等有關海外新知的文獻，這一有關海外新知的知識史，一直延續到著名的林則徐四洲志。老話説「草蛇灰線，伏脈千里」，歷史總有其連續處，由於近世福建成爲中國的海外貿易和海上交通的中心，所以，這裹會成爲有關海外新知識最重要的生産地，這才能讓我們深切理解，何以到了晚清，福建會率先出現沈葆楨開辦面向現代的船政學堂，出現嚴復通過翻譯引入的西方新思潮。

甚至還可以一提的是，近年來福建霞浦發現了轟動一時的摩尼教文書，這些深藏在道教科儀抄本中的摩尼教資料，説明唐宋元明清以來，福建思想、文化和宗教在構成與傳播方面的複雜性和多元性。所以，在八閩文庫中，不僅收録了譚峭化書，李贄焚書續焚書、藏書續藏書，林兆恩林子會編等富有挑戰性的文獻，也收録了張燮東西洋考、趙新續琉球國志略等關係海外知識的著作，讓我們看到唐宋以來，福建歷史上新思想、新精神和新知識的潮起潮落。

四

在八閩文庫收録的大量文獻中，除了福建的思想文化與宗教之外，也留存了有關福建政治、文學和藝術的歷史。如果我們看明人鄧原岳編閩中正聲、清人鄭杰編全閩詩録收録的福建歷代詩歌，看清人馮登府編閩中金石志、葉大莊編閩中石刻記、陳棨仁編閩中金石略中收録的福建各地石刻，看清人黄錫蕃編閩中書畫録中收録的唐宋以來福建書畫，那麽，我們完全可以同意歷史上福建的後來居上。這正如陳衍（一八五六—一九三七）在閩詩録的序文中所説「余維文教之開，吾閩最晚，至唐始有詩人，至唐末五代中土詩人時有流寓入閩者，詩教乃漸昌，至宋而日益盛」（續修四庫全書集部一六八七册，第四一一頁）。可見，宋史地理志五所説福建人「多向學，喜講誦，好爲文辭，登科第者尤多」，「今雖閭閻賤品處力役之際，吟詠不輟」（杜佑通典州郡十二），真是一點兒不假。

清代學者朱彝尊（一六二九—一七〇九）曾説「閩中多藏書家」（曝書亭集卷四四淳熙三山志跋，四部叢刊初編集部二七九册，上海書店一九八九年，第六〇一頁）。

千年以來的人文日盛，使得現存的福建傳統鄉邦文獻，經史子集四部之書都很豐富，翻檢八閩文庫，就可以感覺到這一點，這裏不必一一叙説。需要特別指出的是，福建歷史上不僅有衆多的文獻留存，也是各種書籍刊刻與發售的中心之一。福建多山，林木葱蘢，具備造紙與刻書的有利條件，從宋元時代起，福建就成爲中國書籍出版的中心之一。宋元時代福建的所謂「建本」或「麻沙本」曾經「幾遍天下」（葉夢得石林燕語卷八，侯忠義點校，中華書局一九八四年，第一一六頁），更有所謂「麻沙、崇安兩坊産書，號稱『圖書之府』」的説法（新編方輿勝覽卷一一，第一八一頁）。版本學家也許將它與蜀本、浙本對比，覺得它並不精緻，但是，從書籍流通與文化貿易的角度看，正是這些廉價圖書，使得很多文化知識迅速傳向中國四方，也深入了社會下層。淳熙六年（一一七九），朱熹在建寧府建陽縣學藏書記中曾説到，「建陽版本書籍行四方，無遠不至」，可當時嘉禾縣學居然藏書很少，「學於縣之學者，乃以無書可讀爲恨」，於是一個叫姚耆寅的知縣，就「鬻書於市，上自六經，下及訓傳、史記、子、集，凡若干卷以充入之」。當地刊刻的書籍，豐富了當地學者的知識，也增加了當地文獻的積累，甚至扭轉了當地僅僅重視「世儒所誦科舉之業」的風氣（朱文公文集卷七八，朱子全書第二四册，第三七四五頁），這就是一例。到了清代，汀州府成爲又一個書籍刊刻基地，近年特別受到中外學者注意的四堡，就是一個圖書出版和發行中心，文獻記載這裏「以書版爲産業，刷就發販，幾半天下」（咸豐長汀縣志卷三一物産）。所以，美國學者包筠雅（Cynthia J. Brokaw）文化貿易：清代至民國時期四堡的書籍交易（劉永華、饒佳榮等譯，北京大學出版社二〇一五年）就深入研究了這個位於汀州府長汀、清流、寧化、連城四縣交界地區的客家聚集區的書籍事業，繼承宋元時代建陽地區（如麻沙）刻書業，這裏再一次出現中國書籍出版史上佔據重要位置的福建書商群體。

可以順便提及的是，福建刻書業也傳至海外。福建莆田人俞良甫，元末到日本，由九州的博多上岸，寓居在京都附近的嵯峨，由他刻印的書籍被稱爲「博多版」。據説，俞氏一面協助京都五山之天龍寺雕印典籍，一面自己刻印各種圖書，由於所刊雕書籍在日本多爲精品，所以被日本學者稱爲「俞良甫版」。

從建陽到汀州，福建不僅刊刻了精英文化中的儒家九經三傳、諸子百家以及文選、文獻通考、賈誼新書、唐律疏議之類的典籍，也刊刻了很多大衆文化讀本，諸如西廂記、花鳥争奇和話本小説。特別在明清兩代書籍流行的趨勢和作爲商品的書籍市場的影響下，蒙學、文範、詩選等教育讀物，風水、星相、類書等實用讀物，小説、戲曲等文藝讀物，在福建大量刊刻。如果我們不是從版本學家的角度，而是從區域文化史的角度去看，這種「易成而速售」（石林燕語卷八，第一一六頁）的書籍生産方式，使得各種文獻從福建走向全國甚至海外，特别是這些既有精英的、經典的，也有普及的、實用的各種知識的傳播，是否正是使得華夏文明逐漸趨向各地同一，同時也日益滲透到上下日常生活世界的一個重要因素呢？

五

八閩文庫的編纂，當然是爲福建保存鄉邦文獻，前面我們説到，保存鄉邦文獻，就是爲了留住歷史記憶。

這次編纂的八閩文庫，擬分爲三個部分。第一部分是「文獻集成」，計劃選擇與收録唐宋以來直到晚清民初的閩人各種著述，以及有關福建的文獻，共一千餘種，這部分採取影印方式，以保存文獻原貌。這是八閩文庫的基礎部分，按傳統的經史子集四部分類，這是爲了便於呈現傳統時代福建書籍面貌，因而數量最多。第二部分是「要籍選刊」，精選一百三十餘種最具代表性的閩人著述及相關文獻，以深度整理的方式點校出版，不僅爲了呈現歷代福建文獻中的精華，也爲了便於一般讀者閱讀。第三部分則爲「專題彙編」，初步擬定若干類，除了文獻總目之外，還將包括書目提要、碑傳集、宗教碑銘、官員奏折、契約文書、科舉文獻、名人尺牘、古地圖等，我們認爲，這是以現代觀念重新彙集與整理歷史資料的一個新方式，它將無法納入傳統的四部分類，卻是對理解福建文化與歷史至關重要的文獻，進行整理彙集，必將爲研究與理解福建，提供更多更系統的資料。

經歷幾年討論與幾年籌備，八閩文庫即將從二〇二〇年起陸續出版，力争用十年時間，經過一番努力，打下一個比較完備的福建文獻的基礎。

當然，不能説八閩文庫編纂過後，對於福建文獻的發掘與整理就已完成。八閩文庫僅僅是我們這一兩代人的工作，還有更多或更深入的工作，在等待著未來的幾代人去努力。無論從舊材料中發現新問題，還是以新眼光發現新材料，都是建立在前人的基礎上，而又對前人的工作不斷修正完善的過程。還是朱熹寫給陸九齡的那句廣爲流傳的老話：「舊學商量加邃密，新知培養轉深沉。」用舊的傳統融會新的觀念，整理這些縱貫千年的歷史文獻，也就無論「人間有古今」了。

八閩文庫要籍選刊出版説明

福建自唐代以降，名家輩出，著述繁興，流傳千載，聲光燦然。遺存之文獻，多可彰顯福建歷史發展脈絡，展示前賢思想學術及文學藝術成就，爲研究福建區域文化之基本典籍。八閩文庫「要籍選刊」擇取重要之閩人著作及相關福建文獻百數十種，予以點校。其中具備條件者，將採用編年、箋注、校證等方式整理。諸書略依經史子集分部編次，陸續出版。

二〇二一年八月

總目録

採硫日記

［清］郁永河　撰

于莉莉　點校

採硫日記目次

整理前言

郁永河，字滄浪，清浙江省仁和縣人，（郁永河籍貫問題分歧難辨。粤雅堂叢書本作「仁和」，清道光十三年吴江沈氏世楷堂刊本作「錢塘」，此外還有武陵、武林之説。方豪認爲「武陵」是「武林」之誤。錢塘、仁和，二者均屬現在杭州。杭州亦名武林。）生卒年失考。爲仁和諸生，性喜遠遊，不避險阻，自謂「遊不險不奇，趣不惡不快」。康熙三十年（一六九一）春入閩，康熙三十一年（一六九二）擔任福建同知王仲千之幕僚，短短三四年，遍歷閩中山水。康熙三十五年（一六九六）冬，榕城火藥庫爆炸，五十餘萬斤硫磺盡燬，福建當局需要派人到臺灣採硫，而郁永河「常謂臺灣已入版圖，乃不得一覽其槩，以爲未慊」，於是自告奮勇承擔採硫重任。

康熙三十六年（一六九七）春，郁永河自榕城出發，從厦門、金門海道至澎湖，於二月二十五日抵達臺灣府所在地臺南。在臺南留居兩個多月，備齊了採硫所需的各種工具。四月七日，從臺灣府乘牛車上路，歷新港社、嘉溜灣社、麻豆社、倒咯國社、柴里社、南嵌社諸番社，抵達淡水社。五月五日，前往北投採硫。十月四日，由淡水返榕城。十月十二日，抵達福州府。其間歷盡千辛萬苦，數度徘徊死亡邊緣，終於完成採硫任務。與此同時，郁永河以日記的形式，備述臺灣之行的路綫及其採硫經歷的種種困厄之狀，並對臺灣的歷史變遷、山川形勢、氣候特徵、禽獸物產、風土人情等做了翔實生動的描繪，於康熙三十七年（一六九八）完成了採硫日記一書。

採硫日記，又名裨海紀遊、稗海紀遊等，全書共三卷，書内有竹枝詞十二首，土番竹枝二十四首，書末附鄭氏逸事、番境補遺、海上紀略、宇内形勢各一卷，是一部具有多方面價值的歷史文獻。

採硫日記指出了臺灣重要的戰略地位，表現了作者的遠見卓識。有人認爲臺灣無足輕重：「海外丸泥，不足爲中國加廣；裸體文身之番，不足與共守；日費天府金錢無益，不若徙其人而空其地。」對此郁永河予以堅決反擊，他總結鄭氏政權存亡的歷史教訓，洞察海外諸國對臺灣的覬覦，指出臺灣南北三千里，東西三百里，中有澎湖爲泊宿地，處東南四達之海，東西南北，唯意之適，戰略地位舉足輕重。郁氏寫作採硫日記的主要目的之一，即在於引起當世者的注意。

採硫日記生動地再現了三百年前臺灣的禽獸物産、風土民情、山川形勢等，乃現存最早的臺灣遊記，是研究臺灣高山族的第一手史料。清初的臺灣，有許多地方尚未開發，環境極其惡劣，採硫日記有言：「自竹塹迄南嵌八九十里，不見一人一屋，求一樹就蔭不得」，「途中遇麋、鹿、麏、麚逐隊行甚夥，驅獠猲獟獲三鹿。既至南嵌，入深箐中，披荆度莽，冠履俱敗。真狐貉之窟，非人類所宜至也」。又「蝮蛇癭項者，夜閣閣鳴枕畔，有時鼾聲如牛，力能吞鹿。小蛇逐人，疾如飛矢，户閾之外，暮不敢出。海風怒號，萬籟響答，林谷震撼，屋榻欲傾」。作者採硫的數月間，可謂「在在危機，刻刻死亡」。臺灣已開發者，土壤肥沃，物産豐富，僅以水果爲例，採硫日記記載果實有番樣、黄梨、香果、波羅蜜、荔枝、龍眼、楊梅、桃李、檳榔、椰子、西瓜等，並對各種水果的形貌、口感等作了簡要描述與品評。作者又以新奇的眼光，對番民外貌衣著、婚姻制度、經濟生活等做了詳細記録，如當地居民遍體雕青，大耳垂胸，插鷄尾爲飾，裸體對客而意態淡然；婚姻無媒妁，女子自由選擇夫婿，男女鑿牙齒互贈，婚後男子從女子居；無市肆貿易，無積蓄習慣等，諸如此類，不一而足。

採硫日記是一部不可多得的美文。葉石濤曾予以很高的評價：「仁和郁永河所寫的裨海紀遊是一部臺灣鄉土文學史上永不磨滅的偉大現實主義作品，可以比美安德烈·紀德的剛果行紀吧。」（尉天驄編：鄉土文學討論集，第七九頁。）採硫日記記録見聞的語言多活潑、生動、真切，令人讀之有身臨其境之感。如形容海吼，其描述爲：「小吼如擊花腔鼓，點點作撒豆聲，乍遠乍近，若斷若連。臨流聽之，有成連鼓琴之致。大吼如萬馬奔騰，鉦鼓響震，三峽崩流，萬鼎共沸。惟錢塘八月怒潮，差可彷彿，觸耳駭愕。」郁永河的竹枝詞寫得自然清新明快，富有文采，既生動展現了番民的風俗習慣，也顯示了作者深厚的文字功底與藝術造詣。

此外，採硫日記詳細記載了臺灣南北海道的情況，以及採硫、煉硫的具體方法等，在地理、科技等方面也有極大的價值。當然，採硫日記也有其局限性，如對划水仙、媽祖等的描述，雖有助於了解臺灣民衆之信仰，但過分誇大靈驗，則有虛謬之嫌。

關於採硫日記，臺灣學者做了較多的研究，各種整理本、研究專著及論文頻出；大陸方面則相對不足，除石奕龍等少數學者的幾篇單篇文章外，尚無專門的整理本及研究專著，這與採硫日記的學術價值極不相稱。

採硫日記傳抄版本甚多，因刊刻年代不同，此書版本達二十餘種，亦多有異名，如渡海輿記、裨海紀遊、稗海紀遊、稗海紀略。前人使用稗海紀遊一名者不少，如余文儀續修臺灣府志、朱仕玠小琉球漫志、李元春臺灣志略、丁紹儀東瀛識略、吴德功觀光日記等。然目前使用最多者乃裨海紀遊一名，學界、教材多依方豪之主張，作「裨」不作「稗」。司馬貞索引云：「裨音脾。裨海，小海也。九州之外，更有大瀛海，故知此裨是小海也。且將有裨將，裨是小義也。」作「裨」之本子，有達綸刻本、昭代叢書本、屑玉叢譚叢書本、小方壺齋輿地叢書鈔本等。粤雅堂叢書本原作採硫日記。詳情見附録三裨海紀遊重刊弁言。此次整理點校，以清咸豐三年南海伍氏刊本採硫日記（粤雅堂叢書二編第一五集，簡稱粤雅堂本）爲底本，清道光十三年吴江沈氏世楷堂刊本裨海紀遊（昭代叢書戊集續編，簡稱昭代本）爲對校本，兩書間有缺損模糊處，復以臺灣歷史文獻叢刊第四四種裨海紀遊（簡稱方豪校本）、清光緒十七年上海著易堂鉛印本裨海紀遊、許俊雅裨海紀遊校釋等爲參考。因學識有限，錯誤之處在所難免，敬請各位專家批評指正。

採硫日記卷上

余自辛未春入閩，由建寧、延津以迄榕城。初秋，又自榕城歷興、泉至漳郡之石馬。未幾，又之漳浦、海澄、龍巖、寧洋諸屬邑暨各沿海村落，還至石馬〔一〕。又以扁舟渡廈門，五日而返。壬申，再還榕城，留居司馬王君仲千署中。蓋八閩余轍跡已歷六矣。逮癸酉秋，有泰寧之役，維舟邵武城下，信宿而返。其明年又之汀之武平，由延津溯流而上，登鐵嶺之高，涉九瀧之險。半歲之間，往返四過，凡山川幽窅之區，罔不足歷而目覽焉，是八閩已徧矣。〔二〕

我朝聲施遠被，僞鄭歸誠。臺灣遠在東海外，自洪荒迄今，未聞與中國通一譯之貢者，迺遂郡縣其地，設官分職，輸賦貢金，艅帆往來，絡繹海上，增八閩而九，甚盛事矣。余性耽遠遊，不避阻險，常謂臺灣已入版圖，乃不得一覽其槩，以爲未慊。會丙子冬，榕城藥庫災，燬硝磺火藥五十餘萬，無纖遺。有旨責償典守者，而臺灣之雞籠、淡水，實産石硫磺，將往採之。余欣然應曰〔三〕：「吾事濟矣！」丁丑春王，遂戎裝行〔四〕，同人言子聖平右陶、裘子紹衣、胡子慎履、何子襄臣、陳子子蔚、表弟趙履尊、表姪周在魯，皆握手鄭重〔五〕。有僕役徐文、余興、龍德喜請從。郊送者曹子呂陽，同行者王君云森也。

【校勘記】

〔一〕「還」，昭代本作「遂」，據方豪校本改。

〔二〕「余自辛未春入閩」至「是八閩已徧矣」，原脱，據昭代本補，復參考方豪校本等。

〔三〕「應」，昭代本作「笑」。

〔四〕「遂戎裝行」至下文「至劉五店」，昭代本中間只有三十四字，且脱漏較多，原文如下：「同人輩皆握手鄭重有僕役徐文等喜請從郊送者某某同行者王君雲森也二月朔日」。

〔五〕「鄭重」上，粵雅堂本有小字自注「脱三字」，據昭代本補。

二十四日，午刻，出南門，至大橋，會雨，留宿呂陽邸舍。

二十五日，天稍霽，行三十里，渡烏龍江，宿霧初收，江光如練。望海口羅星塔影，如一針倒懸水中，因賦絶句：「浩蕩江波日夜流，遥看五虎瞰山頭烏龍渡在五虎山下，巉巖五石皆如虎形。海門一望三千里，只有羅星一塔浮。」晚至坊口，晤石君某、董君贊侯。董君爲諸羅令長子，石爲董君渭陽，遂訂偕行。

二十六日，度相思嶺。憶余自入閩，已六過此嶺，年來齒髮益衰，憮然興感，賦詩曰：「閩中七載作勞人，六染相思嶺上塵。獨有蒼蒼雙鬢色，經過一度一回新。」晚宿漁溪。

二十七日，曉行，肩輿在晨光薄靄中，村民携犁牽犢，往來壠上。余買山無日，不勝慨然，賦詩曰：「山色曉逾潔，溪聲静自流。人言隔壠阪，犬吠出村陬。細雨沾衣溼，輕寒動客愁。白雲真可羨，舒卷在峰頭。」午刻至浦尾，輿夫以肩輿置小舟中，余雖乘舟，實坐輿上。舟人持竹篙挽舟，在岸上行，舟去甚疾。岸上撑船，舟中乘轎，亦一時奇事也。岸旁多老榕，根株盤結，離奇萬態，有十餘樹排聯半里而仍屬一株者。余嘗維舟其下，至今念之，愛其榮茂如昔，爲賦詩曰：「榕陰垂一畝，斤斧慨無施。臃腫多駢榦，蜿蜷盡附枝。風霜經飽歷，歲月自榮滋。相見長如此，曾無凋落時。」再過涵頭，煙火萬家，亦一大村落。憶余辛未過此，噉荔甚佳，流連信宿而去，今又六年矣。至晚，宿興化郡。

二十八日，行莆陽道中，早麥已秀，風過成麥浪，蓋四月時令也。嶺南春早，於此可見。賦詩曰：「曉起籃輿逐隊行，今朝真喜得春晴。黐畦蚤麥初成穗，繞徑寒流自有聲。隴阪雲移青嶂合，郊原風蹴綠波平。年來已識躬耕樂，何事勞勞又遠征。」

二十九日，渡洛陽橋，至泉郡。值陸師提督吳公英以詰朝蒞任，五營兵將兜鍪櫜鞬，臨郊列伍以迎，而子衿亦傾城爭出，趨蹌恐後。因賦所見：「百里金戈繞路斜，紛紛鐵騎亂如麻。無端佔畢咿唔者〔一〕，也曳藍袍候使車。」晚宿郡城。

【校勘記】

〔一〕「佔畢」，方豪校本作「呫嗶」。

二月朔日，宿沙溪。

初二日，行四十里，至劉五店〔一〕，即五通渡也。渡實支海，廣十餘里。登舟，颶風驟至，巨浪如山，帆掠水三尺，傾斜欲覆，浪入舟中，衣冠盡溼。抵岸即廈門地，顧視日影，已墮崦嵫。復行三十里，抵水仙宮，漏下已二十刻。旅舍隘甚，無容足地，姑就和鳳宮神廟，坐以待曉。

【校勘記】

〔一〕「五」，昭代本作「吾」。

明日，假水師裨將公署館焉。〔一〕晤蕭山來子衛，爲余覓舟，爲渡海計。值大風不輟，聞萬石、虎溪二巖爲厦門山水之勝，拉石君、董君、王君往遊，至萬石巖，〔二〕巨石林立，欹斜合沓，若連楹複室，而迴環曲折，一徑可通。逼仄處，傴僂匍匐，俯首側體然後渡。有時瀑流淙淙，横拂肩袂間〔三〕，其實在澗底石下行也。洞中宏敞，有石几可憑，清泉可濯。奴子陳肴核，歡飲竟日。〔四〕抵暮，循舊路返。每值陡隘處，令一人當關，以猜枚鬥勝。勝者得斬關度，童子進酒飲不勝者，至前隘處易勝者守關，而不勝者奪之。凡奪十七關始出洞，而新月一彎，已挂林杪矣。相共踏月歸，賦詩曰：「何年月黑風狂夜，吹落峆岈覆一谿。詩裏未經摩詰畫，袖中難倩米顛携。雲流石罅疑天近，瀑濺衣裾識洞低。盤礴不知春日永，欲尋歸路幾番迷。」〔五〕

【校勘記】

〔一〕「明日假水師裨將公署館焉」凡十一字，昭代本無。

〔二〕「拉石君董君王君往遊至萬石巖」，昭代本作「拉同人至石巖」。

〔三〕「袂」，昭代本作「袖」。

〔四〕「奴子陳肴核歡飲竟日」凡九字，昭代本無。

〔五〕「每值陡隘處」至「欲尋歸路幾番迷」諸字，昭代本無。

初四日，復偕往虎谿巖。〔一〕登其巔，巨石大可一二畝〔二〕，高十餘丈，圍圓似鼓。曲磴緣石旁可登〔三〕，有巨石斜覆鼓上，壁立插漢，位置殊怪，不知造物何以設想〔四〕，與萬石巖各擅其奇。賦詩曰：「絕頂多奇石，巑岏聚一叢。懸崕臨巨壑，疊嶂吼長風。屐折危欄轉，筇支曲磴通。扶桑遥在望，落日晚潮紅。」〔五〕巖畔頹垣小徑〔六〕，云是僞鄭公子錦舍、聰舍讀書處〔七〕，惟有砌蟲唧唧草間。銅駝廢井，何地蒐有。祇爲遊人增慨。〔八〕然萬石、虎谿二巖，巨石雖多，絕無峰巒峭削態，小如拳，大如屋，率皆圓鈍椎魯物〔九〕，即有層疊而上者，望之亦纍卵耳。厦門孤懸海中，周廣二三百里，

步步皆山，巖石無小大，悉作卵形，亦山川情性然也。余以登涉致勞，腰疾復作，掖而後行者累日。〔一〇〕

【校勘記】

〔一〕「初四日復偕往虎谿巖」，昭代本作「明日復偕訪虎溪巖」。

〔二〕「大可」，昭代本作「可大」。

〔三〕「旁」，昭代本作「傍」。

〔四〕「不知造物何以設想」，原脱，據昭代本補。

〔五〕「賦詩曰」至「落日晚潮紅」諸字，昭代本無。

〔六〕「巖」，昭代本作「岸」。

〔七〕「聰舍」凡二字，昭代本無。

〔八〕「惟有砌蟲唧唧草間」至「祇爲遊人增慨」諸字，昭代本無。

〔九〕「率皆圓鈍椎魯物」，昭代本無。

〔一〇〕「余以登涉致勞腰疾復作掖而後行者累日」諸字，昭代本無。

十六日，小瘥〔一〕，風亦暫止，舟人促行，遂登舟。俄而急雨驟至，雨過，風復橫。海舶在巨浪中摇曳震蕩，凡三晝夜無甯息。登舷望港口，左爲厦門支山，右爲海澄縣古浪嶼山〔二〕，兩山對峙，蜿蜒入海，盡處有小山矗起中流，舟子言是大旦門，海舶出洋必由此。余謂〔三〕：「詩不云乎，『鳧鷖在亹』，疏曰〔四〕：『水流峽中，兩岸如門，謂之亹』。是大旦門與金門、厦門，悉應從亹，不當從門也。」若以形勢言，大旦門爲厦門門户，金門〔五〕、厦門又漳、泉門户矣。

【校勘記】

〔一〕「小瘥」凡二字，昭代本無。

〔二〕「古」，昭代本作「右」。

〔三〕「謂」，昭代本作「曰」。

〔四〕「詩不云乎鳧鷖在亹疏曰」凡十字，原脱，據昭代本補。

〔五〕「門」，昭代本無。

十九日，風息波平。石君、董君皆至。方共叙三日闊，董君忽委頓，伏艎底大嘔。〔一〕舟人伐鼓鳴鉦，揚帆起椗。約行二十里，抵向所見大旦門。有十二艎，皆依山泊宿。

二十日，無風，不能行。

二十一日，黎明，聞鉦鼓聲，披衣起視，已乘微風出大旦門。一望蒼茫，淼無涯涘，同泊十二船參差並進。望舟左數十里外，有黄土坡，隱隱可見。凡自廈門往臺灣水道，當自乾趨巽，舟師忽轉舵指坎。比午，至黄土坡下椗。使從者問之，對曰：「舟無風不行，依此暫泊耳。」復問：「此何處？」曰：「遼羅，是金門支山。」蓋已去大旦門七八十里矣。視同行，僅得三船，餘皆不復可見。頃之，有微風，復起椗行。比暮〔二〕，視黄土坡猶未遠，以風力弱不勝帆也。始悟海洋汎舟〔三〕，固畏風，又畏無風〔四〕。大海無櫓摇棹撥理，千里萬里，祇藉一帆風耳。憶往歲榕城晤梁谿季君蓉洲，言自臺令旋省，至大洋中，風絶絶十有七日，舟不移尺寸，水平如鏡，視澈波底，有礁石可識，斯言誠然。〔五〕既暮，就寢。初更風漸作，寤聽舷間浪激聲甚厲，而艎中董君呻吟聲，若相和不輟〔六〕。夜半，渡紅水溝。

【校勘記】

〔一〕「石君董君皆至」至「伏艎底大嘔」諸字，昭代本無。

〔二〕「比暮」，昭代本作「抵暮」。
〔三〕「汎」，昭代本作「帆」。
〔四〕「又畏無風」，昭代本作「又甚畏無風」。
〔五〕「憶往歲榕城晤梁谿季君蓉洲礁石可識斯言誠然」凡二十字，昭代本無。
〔六〕「而艎中董君呻吟聲若相和不輟」凡十三字，昭代本無。

二十二日，平旦，渡黑水溝。臺灣海道，惟黑水溝最險。自北流南，不知源出何所。海水正碧，溝水獨黑如墨，勢又稍窳，故謂之溝。廣約百里，湍流迅駛，時覺腥穢襲人。又有紅黑間道蛇及兩頭蛇繞船游泳，舟師時時以楮鏹投之，屏息惴惴懼。或順流而南，不知所之耳。紅水溝不甚險，人頗泄視之〔一〕。然二溝在大洋中，風濤鼓盪，而與綠水終古不淆，理亦難明。渡溝良久，聞鉦鼓作於舷間，舟師來告：「望見澎湖矣。」余登鷁尾高處憑眺，祇覺天際微雲，一抹如綫，徘徊四顧，天水欲連。一舟蕩漾，若纖埃在明鏡中。賦詩曰：「浩蕩孤帆入杳冥，碧空無際漾浮萍。風翻駭浪千山白，水接遥天一綫青。回首中原飛野馬，揚舲萬里指晨星。扶遥乍徙非難事，莫訝莊生語不經。」〔二〕頃之，視一抹如綫者，漸廣漸近矣。午刻，至澎湖之媽祖澳。相去僅十許丈，以風不順，帆數輾轉不得入澳。比入，已暮。

二十三日，乘三板登岸三板即腳板也〔三〕。海舟大〔四〕，不能近岸〔五〕，凡欲往來，則乘三板。至欲開行，又拽上大船載之。岸高不越丈，浮沙沒骭，草木不生，有水師裨將統兵二千人暨一巡檢司守之。

【校勘記】

〔一〕「泄」，昭代本作「泄泄」。

〔二〕「賦詩曰」至「莫訝莊生語不經」諸字，昭代本無。

〔三〕「腳板」，昭代本作「腳船」。

〔四〕「舟」，昭代本作「船」。

〔五〕「近」，昭代本作「登」。

澎湖凡六十四島澳，曰：南天嶼、草嶼、西嶼坪、貓嶼、布袋澳、八罩山、東嶼坪、水垵尾、西吉、花嶼、鋤頭插、馬鞍嶼、東吉、將軍澳、布袋嶼、虎井嶼、船航嶼、岑鷄嶼、豬母落水、桶盤嶼、月眉後鼻、西嶼頭、風櫃尾、鷄籠嶼、鐵線灣、紅毛城、四角嶼、雙頭掛、暗澳、案山仔、林投仔、牛心嶼、蠘仔灣、天妃澳有副將衙門、鎖管港有城、銃城有城、巡檢司、小菓葉、潭邊、蜩仔灣、小池角、龍門港、大菓葉、大池角、龜壁港、沙港底、中墩嶼、竹篙灣、鼎灣嶼、吼門、陽嶼、雁靖嶼、赤嵌仔、小門嶼、陰嶼、土地公嶼、椗鉤嶼、姑婆嶼、鷄善嶼、籃飯嶼〔一〕、島嶼〔二〕、員貝嶼、吉貝嶼、墨嶼〔三〕，悉斷續不相聯屬，彼此相望，在煙波縹緲間。遠者或不可見，近者亦非舟莫即。澳有大小，居民有衆寡，然皆以海爲田，以魚爲糧。若需米穀，雖升斗必仰給臺郡，以沙磧不堪種植也。居人臨水爲室，潮至，輒入人室中，即官署不免。頃之，歸舟，有罟師鬻魚者，持巨蟹二枚，赤質白文，厥狀甚異。又鯊魚一尾〔四〕，重可四五斤，猶活甚，余以付庖人，用佐午餐〔五〕。庖人將剖魚，一小鯊從腹中躍出〔六〕，剖之，更得六頭，以投水中，皆游去，始信鯊魚胎生。申刻出港，泊澳外。舟人駕三板登岸，汲水畢，各謀晚食〔七〕。余獨坐舷際，時近初更，皎月未上，水波不動，星光滿天，與波底明星相映。上下二天，合成圓器。身處其中，遂覺宇宙皆空。露坐甚久，不忍就寢，偶成一律：「東望扶桑好問津，珠宮璇室俯爲鄰。波濤静息魚龍夜，參斗橫陳海宇春。似向遥天飄一葉，還從明鏡渡纖塵。閒吟抱膝檣烏下，薄露泠然已溼茵。」〔八〕少間，黑雲四布，星光盡掩。憶予友言君右陶言：「海上夜黑不見一物，則擊水以視。」一擊而水光飛濺，如明珠十斛傾撒水面，晶光熒熒，良久始滅，亦奇觀矣！夜半微風徐動〔九〕，舟師理柁欲發〔一〇〕，余始就枕〔一一〕。

【校勘記】

〔一〕「籃飯嶼」，原脱，據方豪校本補。
〔二〕「島嶼」，原脱，據方豪校本補。
〔三〕「曰南天嶼」至「墨嶼」諸字，昭代本無。
〔四〕「巨蟹二枚」至「又」諸字，昭代本無。
〔五〕「余以付庖人用佐午餐」凡九字，昭代本無。
〔六〕「小」，原脱，據昭代本補。
〔七〕「食」，昭代本作「餐」。
〔八〕「余獨坐舷際」至「薄露泠然已溼茵」諸字，昭代本無。
〔九〕「星光盡掩」至「夜半」諸字，昭代本無。
〔一〇〕「欲」，昭代本作「前」。
〔一一〕「余始就枕」凡四字，昭代本無。

二十四日，晨起，視海水自深碧轉爲淡黑〔一〕，回望澎湖諸島，猶隱隱可見。頃之，漸没入煙雲之外，前望臺灣諸山已在隱現間。更進，水變爲淡藍，轉而爲白，而臺郡山巒畢呈目前矣〔二〕。近岸皆淺沙，沙間多漁舍，時有小艇往來不絶。望鹿耳門，是兩岸沙角環合處，門廣里許，視之無甚奇險，門内轉大。有鎮道海防盤詰出入，舟人下椗候驗。久之，風大作，鼓浪如潮，蓋自渡洋以來所未見。念大洋中不知更作何狀，頗爲同行未至諸舶危之。既入鹿耳，又迂迴二三十里，至安平城下，復横渡至赤嵌城，日已晡矣。蓋鹿耳門内浩瀚之勢，不異大海，其下實皆淺沙，若深水可行舟處，不過一綫，而又左右盤曲，非素熟水道者不敢深入〔三〕，所以稱險。不然，既入鹿耳，斜指東北，不過十里已達赤嵌，何必迂迴迺爾？會風惡，仍留宿舟中。

【校勘記】

〔一〕「自」，昭代本無。

〔二〕「呈」，昭代本作「陳」。

〔三〕「深」，昭代本作「輕」。

二十五日，買小舟登岸，近岸水益淺，小舟復不進，易牛車，從淺水中牽挽達岸，詣臺郡二尹蔣君所下榻〔一〕。計自二十一日大旦門出洋以迄臺郡，凡越四晝夜。海洋無道里可稽，惟計以更，分晝夜爲十更。向謂廈門至臺灣，水程十一更半，自大旦門七更至澎湖，自澎湖四更半至鹿耳門。風順則然，否則，十日行一更，未易期也。嘗聞海舶已抵鹿耳門，爲東風所逆，不得入，而門外鐵板沙又不可泊，勢必仍返澎湖。若遇月黑，莫辨澎湖島澳，又不得不重回廈門以待天明者，往往有之矣。海上不得順風，尺寸爲艱〔二〕。余念同行十二舶未至，蔣君職司出入，有籍可稽，日索閱之，同至者僅得半，餘或遲三五日至七八日，最後一舟逾十日始至，友人僕在焉。訊其故，曰：「風也。」余曰：「同日同行，又同水道，何汝一舟獨異？」曰：「海風無定，亦非一例，常有兩舟並行，一變而此順彼逆，禍福攸分，此中有鬼神司之〔三〕，遑計遲速乎？」余以舟中累日震蕩，頭涔涔然，雖凭几倚榻，猶覺在波濤中。〔四〕

【校勘記】

〔一〕「郡」，原作「邑」，與下文相出入，故據昭代本改。

〔二〕「尺寸」，昭代本作「寸尺」。

〔三〕「有」上，昭代本有一「似」字。

〔四〕「余以舟中累日震蕩」至「猶覺在波濤中」凡二十三字，昭代本無。

越二日，始謁客。〔一〕晤太寺靳公〔二〕、司馬齊公、參軍尹君、諸羅令董君、鳳山令朱君。又因齊司馬晤友人吕子鴻圖，握手甚慰。渠既不意余之忽爲海外遊，以爲天降。余於異域得見故人，尤快。相過無虚日〔三〕，較同客榕城日加密，揮毫、較射、雅歌、投壺，無所不有；暇則論議古今，賞奇析疑；復取臺灣郡志〔四〕，究其形勢，與吕子共相參考〔五〕。蓋在八閩東南，隔海水千餘里，前代未嘗與中國通，中國人曾不知有此地，即輿圖、一統志諸書，附載外夷甚悉，亦無臺灣之名。惟明會典太監王三保赴西洋水程有「赤嵌汲水」一語，又不詳赤嵌何地。獨澎湖於明時屬泉郡同安縣，漳泉人多聚漁於此，歲徵漁課若干。嘉隆間，琉球據之〔六〕。明人小視其地，棄而不問。若臺灣之曾屬琉球與否，俱無可考。臺之民，土著者爲土番〔七〕，言語不與中國通，況無文字，無由記説前代事。迨萬曆間，復爲荷蘭人所有荷蘭即今紅毛〔八〕，建臺灣、赤嵌二城臺灣城今呼安平城，赤嵌城今呼紅毛樓，考其歲爲天啓元年。二城彷彿西洋人所畫屋室圖，周廣不過十畝，意在駕火礮，防守水口而已，非有埤堄闉闍，如中國城郭以居人民者也。本朝定鼎〔九〕，四方賓服，獨鄭成功阻守金、廈門，屢煩征討。鄭氏不安，又值京口敗歸〔一〇〕，欲擇地爲休養計，始謀攻取臺灣，聯檣並進。紅毛嚴守大港大港在鹿耳門之南，今已久淤，不通舟楫〔一一〕，以鹿耳門沙淺港曲〔一二〕，故弛其守，欲誘致之。成功戰艦不得入大港，視鹿耳門不守〔一三〕，遂命進師。紅毛方幸其必敗〔一四〕，適海水驟漲三丈餘，鄭舟無復膠沙之患，急攻二城。紅毛大恐，與戰又不利〔一五〕，請悉收其醜類去，時順治十八年八月也〔一六〕。

【校勘記】

〔一〕「越二日，始謁客」凡六字，昭代本無。

〔二〕「太寺」，昭代本作「太守」。

〔三〕「司馬齊公」至「相過無虛日」凡六十四字，昭代本無。

〔四〕「較同客榕城日加密」至「賞奇析疑復」諸字，原脱，昭代本亦無，據方豪校本補。

〔五〕「與呂子」凡三字，昭代本無。

〔六〕「據」，昭代本作「踞」。

〔七〕「者」下，昭代本有一「是」字。

〔八〕「紅毛」下，昭代本有一「也」字。

〔九〕「本」，昭代本作「我」。
〔一〇〕「不安又值」凡四字，原脱，據昭代本補。
〔一一〕「大港在鹿耳門之南今已久淤不通舟楫」諸字，昭代本無。
〔一二〕〔一三〕「門」，原脱，據昭代本補。
〔一四〕「其」，原脱，據昭代本補。
〔一五〕「利」，昭代本作「勝」。
〔一六〕「八」，原脱，有自注「缺一字」，據史書補，復參考許俊雅稗海紀遊校釋等。

成功之有臺灣，似有天助。〔一〕於是成功更臺灣名承天府〔二〕，設天興、萬年二州。又以厦門爲思明州，而自就臺灣城居焉〔三〕。鄭氏所謂臺灣城，即今安平城也，與今郡治隔一海港，東西相望約十里許，雖與鯤身連，實則臺灣外沙，前此紅毛與鄭氏皆俱争此者〔四〕，誠以海口爲重，而緩急於舟爲便耳。成功殁於康熙元年，子經繼立。經即錦舍。經紈絝子，無遠略，其下諸將多來歸者，朝廷悉以一官畀之，由是歸誠者日益衆。康熙二十年，鄭經亡，子克塽繼，年甫十四，幼不諳國事，而總督姚公啟聖鋭意圖勦，多設反間，間其用事諸人〔五〕，人心離叛無固志，遂與提督施公烺先後進討。康熙二十二年六月十六日戰於澎湖，二十二日再戰，王師克捷，已入天妃澳。臺灣門户已失〔六〕，鄭衆危懼，欲遷避呂宋，不果。蓋其下皆謂克塽孺子，不足謀國事，而歸誠反正，猶冀得天朝爵賞〔七〕，遂定計降。有旨原其罪。十月，克塽率其族屬朝京師，授漢軍公。甯靖王朱術桂先依鄭成功，歷三世近四十年，聞克塽降，爲詩曰：「流離來海外，止賸幾莖髮。如今事畢矣，祖宗應容納。」與其二嬪同自經以殉。魯王世子輩，安插河南。臺灣遂平。嗟夫〔八〕！成功年甫弱冠〔九〕，招集新附，草創厦門，復奪臺灣，繼以童孺守國〔一〇〕，三世相承，卒能保有其地，以歸順朝廷，成功之才信有過人者。况乎夜郎自大，生殺獨操，而仍奉永曆之紀元，恪守將軍之位號，奉明甯靖王〔一一〕、魯王世子禮不衰，皆其孅行〔一二〕，以視吴、耿背恩僭號者〔一三〕，相去不有間耶？

【校勘記】

〔一〕「成功之有臺灣似有天助」凡十字，原脱，據昭代本補。

〔二〕「於是成功」凡四字，昭代本作一「乃」字。「名」，昭代本作「爲」。

〔三〕「城」，昭代本無。

〔四〕「俱爭」，原作「居」，據昭代本改。

〔五〕「其」，昭代本作「有」。「人」，昭代本作「公」。
〔六〕「已」，昭代本作「既」。
〔七〕「天朝」，原脱，據昭代本補。
〔八〕「嗟夫」，昭代本作「嗟乎」。
〔九〕「成功」，昭代本作「鄭成功」。
〔一〇〕「國」，昭代本作「位」。
〔一一〕「明」，原脱，據昭代本補。
〔一二〕「皆其熾行」凡四字，原脱，據昭代本補。
〔一三〕「者」，原脱，據昭代本補。

臺灣既入版圖，改僞承天府爲臺灣府，僞天興州爲諸羅縣，分僞萬年州爲臺灣、鳳山二縣。縣各一令一尉，臺灣縣附郭首邑，增置一丞，更設臺厦道轄焉。海外初闢，規模草創，城郭未築，官署悉無垣墻，惟編竹爲籬，蔽内外而已。臺灣縣即府治，東西廣五十里，南北袤四十里，鎮、道、府、廳暨諸、鳳兩縣衙署、學宫、市廛及内地寄籍民居多隸焉。而澎湖諸島澳，亦在所轄。鳳山縣居其南，自臺灣縣分界而南，至沙馬磯大海，袤四百九十五里。自海岸而東，至山下打狗仔港，廣五十里。攝土番十一社，曰：上淡水、下淡水、力力、茄藤、放索、大澤磯、啞猴、荅樓，以上平地八社，輸賦應徭。曰：茄洛堂、浪嶠、卑馬南，三社在山中，惟輸賦，不應徭。另有傀儡山番並山中野番〔一〕，皆無社名。諸羅縣居其北〔二〕，攝番社新港〔三〕、加溜灣音葛剌灣、歐王音蕭郎、麻豆等二百八社外，另有蛤仔難音葛剌蘭等三十六社，雖非野番，不輸貢賦，難以悉載。自臺灣縣分界而北，至西北隅，轉至東北隅大雞籠社大海，袤二千三百十五里。三縣所隸，不過山外沿海平地，其深山野番，不與外通，外人不能入，無由知其槩〔四〕。

【校勘記】

〔一〕「山番」，昭代本作「番山」。「中」，昭代本無。

〔二〕「縣」，原脱，據昭代本補。

〔三〕「番社」，昭代本作「土番」。

〔四〕「槩」，原作「所暨」，據昭代本改。

總論臺郡平地形勢，東阻高山，西臨大海，自海至山，廣四五十里。自鳳山縣南沙馬磯至諸羅縣北鷄籠山〔一〕，袤二千八百四十五里，此其大略也。雖沿海沙岸，實平壤沃土，但土性輕浮，風起揚塵蔽天，雨過流爲深坑。然宜種植，凡樹藝芃芃鬱茂，稻米有粒大如豆者。露重如雨，旱歲遇夜轉潤〔二〕，又近海無潦患，秋成納稼倍内地。更産糖蔗雜糧，有種必穫。故内地窮黎，襁至輻輳，樂出於其市。惜蕪地尚多，求闢土千一耳〔三〕。五穀俱備，尤多植芝蔴。果實有番檨土音讀作蒜，查無此字，或云當作濺〔四〕、黄梨、香果、波羅蜜，皆内地所無，過海即敗苦，不得入内地。荔枝酸澁，龍眼似佳，然皆絶少，市中不多見〔五〕。楊梅如豆，桃李澁口，不足珍。獨番石榴不種自生〔六〕，臭不可耐，而味又甚惡。蕉子冷沁心脾，膩齒不快，又産於冬月，尤見違時。惟香果差勝。檳榔形似羊棗，力薄，殊遜滇粤。椰子結實如毬，破之可爲器，有椰酒盈椀，肉附殼而生，用與檳榔共嚼。余愛二樹，獨幹無枝，亭亭自立，葉如鳳羽，偃蓋婆娑，牕前植之，差亦不惡。〔七〕瓜蔬悉同内地，無有增損〔八〕。西瓜盛於冬月，臺人元旦多啖之，皮薄瓤紅，可與常州並驅，但遜泉之傅霖耳。郡治無樹，惟緑竹最多，一望猗猗，不減渭濱淇澳之盛。惜其僅止一種〔九〕，輒數十竿爲一叢，生笋不出叢外，每於叢中排比而出。枝大於竿，又節節生刺，人入竹中〔一〇〕，往往牽髮毁肌，莫不委頓。世有嵇阮，難共入林。花之木本者曰番花，葉似枇杷，枝必三叉，臃腫而脆。開花五瓣，色白，近心漸黄，香如梔子，宜於風過暫得之，近則惡矣。自四月至十月開不絶，冬寒並葉俱盡。草花有番茉莉，一花十瓣〔一一〕，望之似菊，既放，可得三日觀，不似内地茉莉，暮開晨落，然香亦少遜焉。街市以一析三〔一二〕，中通車行，傍列市肆，彷彿京師大街，但隘陋耳。婦人弓足絶少，間有纏三尺布者，便稱麗都，故凡陌上相逢，於裙下不足流盼也。市中用財，獨尚番錢。番錢者，紅毛人所鑄銀幣也。圓長不一式，上印番花，實則九三色。臺人非此不用，有以庫帑予之，每蹙額不顧，以非所習見耳。地不産馬，内地馬又艱於渡海，雖設兵萬人，營馬不滿十匹。文武各官乘肩輿〔一三〕，正印以下，出入皆騎黄犢〔一四〕。市中挽運百物，及民間男婦遠適者，皆用犢車，故比户多畜牛。又多蔗梢，牛嗜食之，不費芻菽。曩鄭氏之治臺，立法尚嚴，犯姦與盜，死不赦。有盜伐民間一竹者，立斬之。民承峻法後，猶有道不拾遺之風，市肆百貨路積，委之門外，無敢竊者。

【校勘記】

〔一一〕「南」，原脱，據昭代本補。

〔一二〕「夜」，昭代本作「雨」。

〔三〕「千」，昭代本作「十」。
〔四〕「查無此字或云當作濺」凡九字，昭代本無。
〔五〕「不」下，昭代本多一「可」字。
〔六〕「獨」，原脱，據昭代本補。
〔七〕「余愛二樹」至「差亦不惡」諸字，昭代本無。
〔八〕「無有增損」凡四字，原脱，據昭代本補。
〔九〕「其僅」凡二字，原脱，據昭代本補。
〔一〇〕「中」，昭代本作「下」。
〔一一〕「十」，原作「千」，據昭代本改。
〔一二〕「析」，昭代本作「折」。
〔一三〕「各官」，昭代本作「官員各」。
〔一四〕「正印以下出入皆」凡七字，原脱，據昭代本補。

天氣四時皆夏，恒苦鬱蒸，遇雨成秋，比歲漸寒，冬月有裘衣者，至霜霰則無有也。海上颶風時作，然歲有常期，或逾期，或不及期，所爽不過三日，別有風期可考〔一〕。颶之尤甚者曰颱，颱無定期，必與大雨同至，至必拔木壞垣，飄瓦裂石，久而愈勁。舟雖泊澳，常至齏粉，海上人甚畏之，惟得雷聲即止。占颱風者，每視風向反常爲戒：如夏月應南而反北，秋冬與春應北而反南三月二十三日馬祖暴後便應南風，白露後至三月皆應北風，惟七月北風多主颱，旋必成颱，幸其至也漸，人得早避之。又曰：風四面皆至曰颱。不知颱雖暴，無四方齊至理。譬如北風颱，必轉而東，東而南，南又轉西，或一二日，或三五七日，不四面傳徧不止。是四面遞至，非四面並至也。颶驟而禍輕，颱緩而禍久且烈。又春風畏始，冬風慮終。又六月聞雷則風止，七月聞雷則風至。又非常之風，常在七月。而海中鱗介諸物游翔水面，亦風兆也。此臺郡之大略也。爲賦竹枝詞，以紀其槩。

鐵板沙連到七鯤，鯤身激浪海天昏。任教巨舶難輕犯，天險生成鹿耳門。

安平城旁，自一鯤身至七鯤身，皆沙岡也。鐵板沙性重，得水則堅如石，舟泊沙上，風浪掀擲，舟底立碎矣。牛車千百，日行水中，曾無軌跡，其堅可知。

雪浪排空小艇橫，紅毛城勢獨崢嶸。渡頭更上牛車坐，日暮還過赤嵌城。

紅毛城即今安平城，渡船往來絡繹，皆在安平、赤嵌二城之間。而沙堅水淺，雖小艇不能達岸，必藉牛車挽之。赤嵌城在郡治海岸，與安平城對峙。

編竹爲垣取次增，衙斋清暇冷如冰。風聲撼醒三更夢，帳底斜穿遠浦燈。

官署皆無垣墻，惟插竹爲籬，比歲增易。無牆垣爲蔽，遠浦燈光，直入寢室。耳畔時聞軋軋聲，牛車乘月夜中行。夢迴幾度疑吹角，更有牀頭蝘蜓鳴。牛車挽運百物，月夜車聲不絶。蝘蜓音偃忝，即守宫也。臺灣守宫善鳴，聲似黄雀。

蔗田萬頃碧萋萋，一望蘢葱路欲迷。綑載都來糖廍裏，只留蔗葉餉群犀。取蔗漿煎糖處曰糖廍。蔗梢飼牛，牛嗜食之。

青葱大葉似枇杷，臃腫枝頭著白花。看到花心黄欲滴，家家一樹倚籬笆。番花葉似枇杷，花開五瓣，白色，木本〔二〕，臃腫，枝必三叉。花心漸作深黄色，攀折累三日不殘。香如梔子，病其過烈，風度花香，頗覺濃郁。

芭蕉幾樹植墻陰，蕉子纍纍冷沁心。不爲臨池堪代紙，因貪結子種成林。蕉實形似肥皂，排偶而生，一枝滿百，可重十觔，性極寒。凡莳蕉園林，緑陰深沉，蔭蔽數畝。

獨榦凌霄不作枝，垂垂青子任紛披。摘來還共蔞根嚼，贏得唇間盡染脂。檳榔樹無旁枝，亭亭直上，徧體龍鱗，葉同鳳尾。子形似羊棗，土人稱爲羊棗檳榔。食檳榔者，必蔞根、蠣灰同嚼，否則澁口且辣。食後唇口盡紅。

惡竹參差透碧霄，叢生如棘任風搖。那堪節節都生刺，把臂林間血已漂。竹根迄篠以至於葉，節節皆生倒刺，往往牽髮毀肌。察之皆根之萌也，故此竹植地即生。

不是哀梨不是楂，酸香滋味似甜瓜。枇杷不見黄金果，番檨何勞向客誇。番檨生大樹上，形如茄子，夏至始熟，臺人甚珍之。

肩披鬢髮耳垂璫，粉面朱唇似女郎。馬祖宫前鑼鼓鬧，侏離唱出下南腔。梨園子弟垂髫穴耳，傅粉施朱，儼然女子。土人稱天妃神曰馬祖，稱廟曰宫。天妃廟近赤嵌城，海舶多於此演劇酬愿。閩以漳、泉二郡爲下南，下南腔亦閩中聲律之一種也。

臺灣西向俯汪洋，東望層巒千里長。一片平沙皆沃土，誰爲長慮教耕桑？臺郡之西，俯臨大海，實與中國閩、廣之間相對。東則層巒疊嶂，爲野番巢居穴處之所，鳥道蠶叢，人不能入，其中景物，不可得而知也。山外平壤皆肥饒沃土，惜居人少，土番又不務稼穡，當春計食而耕，都無蓄積，地力未盡，求闢土千一耳。〔三〕

【校勘記】

〔一〕「風期」凡二字，昭代本無。

〔二〕「木」，原作「大」，誤。

〔三〕「爲賦竹枝詞」至「求鬬士千一耳」諸字，昭代本無。

採硫日記卷中

余以採硫來居臺郡兩閱月，爲購布、購油、購糖，鑄大鑊，冶刀斧、鋤、杓，規大小木桶，製秤、尺、斗、斛，種種畢備。布以給番人易硫土，油與大鑊，所以煉硫；糖給工匠頻飲並浴體，以辟硫毒。鋤平土築基，刀斧伐薪薙草，杓出硫於鑊，小桶凝硫，大桶貯水。秤、尺、斗、斛，以衡量諸物。又購脱粟、鹽豉、筐、釜、椀、箸等，率爲百人具。計費九百八十金，買一巨舶載之。入資十七，覺舟重不任載，心竊疑焉，遂止弗入。更買一舶，爲載所餘，費半前舶。或曰：「舟有大小，受載有量，今頗未盡量，何徒費爲？」余曰：「吾忽心動，方欲使兩舶中分之，匪直載所餘也。」言者匿笑去。王君意圖便安，不欲更張，而中分之志遂寢。余事既畢，擬旦日登舶，郡守靳公名治揚，號斗南、司馬齊公名體物，號誠庵咸謂余曰：「君不聞鷄籠、淡水水土之惡乎？人至即病，病輒死。凡隸役聞鷄籠、淡水之遣，皆欷歔悲嘆，如使絶域。水師例春秋更戍，以得生還爲幸。彼健兒役隸且然，君奚堪此？曷令僕役往，君留郡城遥制之何如？」余曰：「兹行計役工匠、番兒數百人，又逼近野番，不有以静鎮之，恐多事，貽地方憂。况既受人託，又何惜一往。」

明日，參軍尹君復、鳳山尉戚君嘉燦皆吾鄉人，來止余行，曰：「客秋朱友龍謀不軌，總戎王公命某弁率百人戍下淡水，纔兩月，無一人還者。下淡水且然，况鷄籠、淡水遠惡尤甚者乎？」又曰：「縣役某與其侶四人往，僅以身返。此皆近事，君胡不自愛耶？」余笑曰：「吾生有命，蒼蒼者主之，水土其如余何！余計之審矣，不可以不往。」尹君與守戎沈君長禄爲余作丸散藥及解毒辟癘諸方爲贈，珍重再三。又吾鄉黄巖顧君敷公隨父南金先生任江南糧儲道，住京口，順治己亥被掠留臺，居臺久，習知山海夷險，與余一見如故交。亦來謂余曰：「水土害人，鬼物爲厲，有識者所不計。若夫去險就夷，居安避危，胡可不審？君亦知海道乎？凡海舶不畏大洋，而畏近山，不患深水，而患淺水。舟本浮物，有桅御風，有柁辟水，雖大風浪未易沉覆。若觸礁則沉，膠沙必碎，其敗立見。今自郡治至鷄籠，舟依沙瀨間行，遭風無港可泊，險倍大洋，何如陸行爲得乎？君將偕我往，若必從舟，則我請辭。」余曰：「謹受教。」王君圖便安，卒登舟，挽之不可。余與顧君率平頭數輩，乘笨車就道，隨行給役者凡五十五人，時四月初七日也。

經過番社即易車，車以黄犢駕，而令土番爲御。是日過大洲溪，歷新港社、嘉溜音葛辣灣社、麻豆社，雖皆番居，然嘉木陰森，屋宇完潔，不減内地村落。余曰：「孰謂番人陋？人言寗足信乎？」顧君曰：「新港、嘉溜灣、歐王、麻豆，於僞鄭時爲四大社，令其子弟能就鄉塾讀書者，蠲其傜，欲以漸化之。四社番亦知勤稼穡，務蓄積，比户殷富。又近郡治，習見城市居處禮讓，故其俗於諸社爲優。歐王近海，不當孔道，尤富庶，惜不得見，過此恐日遠日陋矣。」然觀四社男婦，被髮不褌，猶沿舊習，殊可鄙。自麻豆易車，應至倒咯音洛國，番人不解從者語，見營官中途爲余治餐，意余必適彼，爲御至佳里興，至則二鼓矣。問誰爲宿處，則營中也。無已，乃之守戎趙君所。趙君名振，天雄人，孝廉，與余友侯君敬止善，談次及天雄、平干、鄴下、汧臺諸故人，皆能了了，蓋皆三十年事矣。漏下三十刻，乃就寢。

初八日，仍馭原車，返麻豆社，易車渡茆港尾溪、鐵線橋溪。至倒咯國社，日已近暮。憶王君此時，乘南風，駕巨艦，瞬息千里，余至則後矣，乃乘夜渡急水、八掌等溪。遲明，抵諸羅山，倦極坐憩。天既曙，復渡牛跳溪，過打貓社、山疊溪、他里務，至柴里社宿。計車行兩晝夜矣。車中倦眸欲瞑，每至深崖陡塹，輒復驚覺。所見御車番兒，皆徧體雕青：背爲鳥翼盤旋，自肩至臍，斜銳爲網罟纓絡。兩臂各爲人首，斷脰猙獰可怖。自腕至肘，纍鐵鐲數十道，又有爲大耳者。

初十日，渡虎尾溪、西螺溪，溪廣二三里，平沙可行，車過無軌跡，亦似鐵板沙，但沙水皆黑色，以臺灣山色皆黑土故也。又三十里，至東螺溪，與西螺溪廣正等，而水深湍急過之。轅中牛懼溺，卧而浮，番人十餘，扶輪以濟，不溺者幾矣。既濟，值雨，馳三十里，至大武郡社宿。是日所見番人，文身者愈多，耳輪漸大如椀，獨於髮加束，或爲三叉，或爲雙角，又以雞尾二羽爲一翿，插髻上，迎風招颭，以爲觀美。又有三少婦共舂，一婦頗有姿，然裸體對客，而意色泰然。

十一日，行三十里，至半線社居停，主人揖客甚恭，具饌尤腆。云：「過此多石路，車行不易，曷少憩節勞。」遂留宿焉。自諸羅山至此，所見番婦多白晰妍好者。

十二日，過啞束社，至大肚社，一路大小積石，車行其上，終日蹭蹬，殊困。加以林莽荒穢，宿草没肩，與半線以下如各天。至溪澗之多，尤不勝記。番人狀貌轉陋。

十三日，渡大溪，過沙轆社，至牛罵社，社屋隘甚，值雨過，殊溼。假番室牖外設榻，緣梯而登，雖無門闌，喜其高潔。

十四日，陰霾大雨，不得行。午後雨止，聞海吼聲，如錢塘怒潮，至夜不息。社人云：「海吼，是雨徵也。」

十五日、十六日皆雨，前溪新水方怒，不敢進。

十七日，小霽。余榻面山，霾霧障之凡五日，苦不得一睹其麓，忽見開朗，殊快。念野番跳梁，茲山實爲藩籬，不知山後深山，當作何狀，將登麓望之。社人謂：「野番常伏林中射鹿，見人則矢鏃立至，愼毋往。」余頷之。乃策杖披荆拂草而登。既陟巔，荆莽樛結，不可置足。林木如蝟毛，連枝累葉，陰翳晝暝，仰觀太虛，如井底窺天，時見一規而已。雖前山近在目前，而密樹障之，都不得見。惟有野猿跳躑上下，向人作聲，若老人欬。又有老猿，如五尺童子，箕踞怒視。風度林杪，作簌簌聲，肌骨欲寒。瀑流潺潺，尋之不得。而修蛇乃出踝下，覺心怖，遂返。

十八日，又大雨，嵐氣益甚，衣潤如洗。堦前泥濘，足不得展，徘徊悵結。賦詩曰：「番舍如蟻垤，茆簷壓路低。嵐風侵短牖，海霧襲重綈。避雨從留屐，支牀更著梯。前溪新漲阻，徙倚欲鷄棲。」頃之，有番婦至，頊首瘠體，貌不類人，舉手指畫，若有所欲，余探得食物與之。社人望見，亟麾之去，曰：「此婦有術，善祟人，毋令得近也。」

十九日，晨起，忽霽，差爽人意，計二三日水落可涉，則前路匪遥矣。比午，方飯，南風颼颼起蘋末，衣潤頓乾，覺快甚。飯罷，風漸横，草木披靡，念兩海舶當已至，不然殆矣。王君奈何，意甚憂之。薄暮，有人自海濱來，云：「見二巨舟，乘風而北。」益駭，披襟坐大風中，至三鼓，勉就枕，然竟夜無寐。

二十日，辰刻風定，無從得二舶耗。顧君慰余曰：「君無憂二舶也，彼非南風不行，既久無南風，昨風又横，無行理，何憂爲。」土官使麻荅爲余問水麻荅是番兒之矯健者。問水，探水之深淺也，曰：「水急且高，未可涉也。」

二十三日，余念二舶，遂叱馭行。行二十里，至溪所，衆番爲戴行李，没水而過。復扶車浮渡，雖僅免没溺，實濡水而出也。渡凡三溪，率相越不半里。已渡過大甲社即崩山、雙寮社，至宛里社宿。自渡溪後，番人貌益陋，變胷背雕青爲豹文。無男女，悉翦髮覆額，作頭陀狀，規樹皮爲冠。番婦穴耳爲五孔，以海螺文貝嵌入爲飾，捷走先男子〔一〕。經過番社皆空室，求一勺水不可得。得見一人，輒喜。自此以北，大槩略仝。

【校勘記】

〔一〕「走」下，原自注「缺一字」，據文意補「先」字。復參考許俊雅裨海紀遊校釋等。

二十四日，過吐霄社、新港仔社，至後龍社。甫下車，王君敝衣跣足在焉。泣告曰：「舟碎身溺，幸復相見。」余驚問所以不死狀，曰：自初三日登舟，泊鹿耳門，候南風不得。十八日，有微風，遂行。行一日，舵與帆不洽，斜入黑水者再。船首自俯，欲入水底，而巨浪又夾之，舟人大恐，向馬祖求庇，苦無港可泊，終夜徬徨。十九日，猶如昨。午後南風大至，行甚駛，喜謂天助。頃之，風厲甚，因舵劣，不任使，强持之，舵牙折者三。風中蝴蝶千百，繞船飛舞，舟人以爲不祥。申刻，風稍緩，有黑色小鳥集船上，驅之不去，舟人咸謂大凶。焚楮鏹祝之，又不去，至以手撫之，終不去，反呷呷向人，若相告語者。少間，風益甚，舟欲沉，向馬祖卜筊，求船安，不許。求免死，得吉。自棄舟中物三之一。至二更，遥見小港，衆喜倖生，以沙淺不能入，姑就港口下椗。舟人困頓，各就寢。五鼓失椗，船無繫，復出大洋，浪擊舵折，鷁首又裂，知不可爲，舟師告曰：「惟有划水仙，求登岸免死耳。」划水仙者，衆口齊作鉦鼓聲，人各挾一匕箸，虚作棹船勢，如午日競渡狀。凡洋中危急，不得近岸，則爲之。船果近岸，浪拍即碎。王君與舟人皆入水，幸善泅，得不溺。乘浪勢推擁登岸，顧視原舟，惟斷板折木，相擊白浪中耳。余急問：「後船安在？」王君曰：「彼舟利涉，自十八日已先余舟數百里矣，尚何能知之。」余聞王君言，意欲迴車，復自計曰：「驅馳千餘里，何惜三數日程，不往探後船確耗乎。」

二十五日，與王君共一車，兼程進。越高嶺三，至中港社，午餐。見門外一牛甚腯，囚木籠中，俯首跼足，體不得展，社人謂：「是野牛初就靮，以此馴之。」又云：「前路竹塹、南嵌，山中野牛甚多，每出千百爲羣，土番能生致之，候其馴，用之。今郡中挽車牛，强半是也。」飯竟，復登車，道由海壖横涉小港，迂迴沙岸間三十餘里。王君指折舵碎舟脱死登岸處甚悉，視沙間斷木廢板，尚有存者，惟相對浩歎而已。又浮一深溪，至竹塹社宿。溪水湍急，役夫有溺而復起者。奴子車後浴水而出，比至，無復人色。有人自雞籠、淡水來者，言二十日風後，有一舶至。余聞之甚喜，謂王君曰：「沉舟諸物，固無有理，然大鑊與冶器，必沉沙中，似可覓也。且一舟猶在，無中輟理，君無惜海濱一行。」遂留王君竹塹社，余復馳至南嵌社宿。自竹塹迄南嵌八九十里，不見一人一屋，求一樹就蔭不得。掘土窟，置瓦釜爲炊，就烈日下，以澗水沃之，各飽一餐。途中遇麋、鹿、麏、麚逐隊行，甚夥，驅獫猲獟獲三鹿。既至南嵌，入深箐中，披荆度莽，冠履俱敗。直狐貉之窟，非人類所宜至也。

二十七日，自南嵌越小嶺，在海岸間行，巨浪捲雪拍轅下，衣袂爲溼。至八里分社，有江水爲阻，即淡水也。深山溪澗，滙爲此出。水廣五六里，港口中流有鷄心嶕，海船畏之。潮汐去來，深淺莫定。余停車欲渡，有飛蟲億萬，如急雨驟至，衣不能蔽，徧體悉損。視沙間一舟，獨木鏤成，可容兩人對坐，各操一楫以渡，名曰莽葛，蓋番舟也。既渡，有淡水社長張大，罄折沙際迎，遂留止其家。視後船果已至，當風横時，棄擲數物，餘皆獲全。然不過前船之餘，計所亡已什八矣。爰命張大爲余治屋，余留居五日以待。

五月朔，張大來告屋成。

初二日，余與顧君暨僕役平頭共乘海舶，由淡水港入。前望兩山夾峙處，曰甘荅門，水道甚隘，入門，水忽漶爲大湖，渺無涯涘。行十許里，有茅廬凡二十間，皆依山面湖，在茂草中，張大爲余築也。余爲區畫，以設大鑊者二，貯硫土者六，處夫役者七，爲庖者二，余與王君、顧君暨臧獲共處者三。爲就地勢，故錯綜散置，向背不一。張大云：「此地高山四繞，周廣百余里，中爲平原，惟一溪流水，麻少翁等三社，緣溪而居。甲戌四月，地動不休，番人怖恐，相率徙去，俄陷爲巨浸，距今不三年耳。」指淺處猶有竹樹梢出水面，三社舊址可識。滄桑之變，信有之乎？既坐定，聞飛湍倒峽聲，有崩崖轉石之勢。意必有千尋瀑流，近在左右，晝夜轟耳不輟。覓之累日，不可得見。

初五日，王君自海岸馳至，果得冶器七十二事及大鑊二具，余其問之水濱矣。又數日，各社土官悉至。曰八里分、麻少翁、内北頭、外北頭、鷄洲山、大洞山、小鷄籠、大鷄籠、金包里、南港、瓦烈、擺折、里末、武溜灣、雷里、荖藔、繡朗、巴浪泵音畔、奇武卒、荅荅攸、里族、房仔嶼、麻里折口等二十三社，皆淡水總社統之，其土官有正副頭目之分。飲以燒酒，食以糖丸，又各給布丈餘，皆忻然去。復給布衆番易土，凡布七尺，易土一筐，衡之可得二百七八十觔。

明日，衆番男婦相繼以莽葛載土至，土黄黑不一，色質沉重，有光芒，以指撚之，颯颯有聲者佳，反是則劣。煉法：槌碎如粉，日曝極乾，鑊中先入油十余觔，徐入乾土，以大竹爲十字架，兩人各持一端攪之，土中硫得油自出，油土相融，又頻頻加土加油，至於滿鑊，約入土八九百觔，油則視土之優劣爲多寡。工人時時以鐵鍬取汁，瀝突旁察之，過則添土，不及則增油。油過不及，皆能損硫。土既優，用油適當，一鑊可得淨硫四五百觔，否或一二百觔，乃至數十觔。關鍵處雖在油，而工人視火候，似亦有微權也。余問番人硫土所産，指茅廬後山麓間。明日，拉顧君偕往，坐莽葛中，命二番兒操楫緣溪入，溪盡爲内北社，呼社人爲導。轉東行半里，入茆棘中，勁茆高丈餘，兩手排之，側體而入。炎日薄茆上，暑氣蒸欝，覺悶甚。草下一徑，逶迤僅容蛇伏。顧君濟勝有具，與導人行，輙前。余與從者後，五步之内，已各不相見。慮或相失，各聽呼應聲爲近遠。約行二三里，渡兩小溪，皆履而涉。復入深林中，林木蓊翳，大小不可辨名。老藤纏結其上，若虬龍環繞，風過葉落，有大如掌者。又有巨木裂土而出，兩葉始蘖，已大十圍，導人謂柟也。柟之始生，已具全體，歲久則堅，終不加大，蓋與竹笋同理。樹上禽聲萬態，耳所創聞，目不得覩其狀。涼風襲肌，幾忘炎暑。復越峻坂五六，值大溪，溪廣四五丈，水潺潺巉石間，與石皆作藍靛色，導人謂此水源出硫穴下，是沸泉也。余以一指試之，猶熱甚，扶杖躡巉石渡。更進二三里，林木忽斷，始見前山。又陟一小巔，覺履底漸熱，視草色萎黄無生意。望前山半麓，白氣縷縷，如山雲乍吐，摇曳青嶂間，導人指曰：「是硫穴也。」風至，硫氣甚惡。更進半里，草木不生，地熱如炙。左右兩山多巨石，爲硫氣所觸，剥蝕如粉。白氣五十余道，皆從地底騰激而出，沸珠噴濺，出地尺許。余攬衣即穴旁視之，聞怒雷震蕩地底，而驚濤與沸鼎聲間之。地復岌岌欲動，令人心悸。蓋周廣百畝間，實一大沸鑊，余身乃行鑊蓋上，所賴以不陷者，熱氣鼓之耳。右旁巨石間，一穴獨大，思巨石無陷理，乃即石上俯瞰之，穴中毒焰撲人，目不能視，觸腦欲裂，急退百步乃止。左旁一溪，聲如倒峽，即沸泉所出源也。還就深林小憩，循舊路返。衣染硫氣，累日不散，始悟向之倒峽崩崖，轟耳不輟者，是硫穴中沸聲也。爲賦二律：「造化鍾奇搆，崇岡涌沸泉。怒雷翻地軸，毒霧撼崖巔。碧澗松長槁，丹山草欲燃。蓬瀛遥在望，煮石迓神仙。」「五月行人少，西陲有火山。孰知泉沸處，遂使履行難。落粉銷危石，流黄漬篆斑。轟聲傳十里，不是響潺湲。」人言此地水土害人，染疾多殆，臺郡諸公言之審矣。余初未之信。居無何，奴子病矣，諸給役者十且病九矣。乃至庖人亦病，執爨無人。而王君水底餘生，復染危痢，水漿不入，晝夜七八十行，漸至流溢枕席間。余一榻之側，病者環遶，但聞呻吟與寒噤聲，若唱和不輟，恨無越人術，安得徧藥之，乃以一舶悉歸之。而顧君又以他事赴省，獨余不可去，與一病僕俱。時時督番兒，課匠役，往來烈日下與深草茂林中，日不少休。而一二社棍，又百計暗撓之。余既不識侏離語，與人語，人又不解余旨，口耳並廢，直同聾啞。是余一身，且有兼病，尚得以不病傲人乎。

以余觀之：山川不殊中土，鬼物未見有徵，然而至輒病者，特以深山大澤尚在洪荒，草木晦蔽，人跡無幾，瘴癘所積，入人肺腸，故人至即病，千人一症，理固然也。余體素弱，十年善病，恒以參术代饔飧，猶苦不支。自臺郡至此，計觸暑行二十日，兼馳凡四晝夜，涉大小溪九十有六。若深溝巨壑，峻坂陡崖，馳下如覆，仰上如削者，蓋不可勝數。平原一望，罔非茂草，勁者覆頂，弱者蔽肩，車馳其中，如在地底，草梢割面破項，蚊蚋蒼蠅吮咂肌體，如飢鷹餓虎，撲逐不去。炎日曝之，項背欲裂，已極人世勞瘁。既至草廬中，四壁陶瓦，悉茆爲之，四面風入如射，卧恒見天。青草上榻，旋拔旋生。雨至，室中如洪流，一雨過，屐而升榻者凡十日。蟬琴蚓笛，時沸榻下，堦前潮汐時至。出户，草没肩，古木樛結，不可名狀。惡竹叢生其間，咫尺不能見物。蝮蛇癭項者，夜閣閣鳴枕畔，有時鼾聲如牛，力能吞鹿。小蛇逐人，疾如飛矢，户閾之外，暮不敢出。海風怒號，萬籟響答，林谷震撼，屋榻欲傾。夜半猿啼，如鬼哭聲，一燈熒熒，與鬼病垂危者聯榻共處。以視子卿絶塞、信國沮洳爲何如。柳子厚謂：「播州非人所居。」令子厚知有此境，視播州天上矣。余至之夜，有漁人結寮港南者，與余遥隔一水，纍布藉枕而卧。夜半，矢從外入，穿枕上布二十八扎，幸不傷腦，猶在夢鄉，而一矢又入，遂貫其臂，同侣逐賊不獲，視其矢，則土番射鹿物也。又有社人被殺於途，皆數日間事。余草廬在無人之境，時見茂草中有番人出入，莫察所從來。深夜勁矢，寗無戒心？若此地者，蓋在在危機，刻刻死亡矣。余身非金石，力不勝鼷鼠，況以斑白之年〔一〕，高堂有母，寗遂忘臨履之戒，以久處危亡之地乎？良以剛毅之性，有進無退，謀人謀己，務期克濟。況生平歷險遭艱，奚止一事？今老矣，肯以一念之惡，事半中輟，嗒然遂失其故我耶？且病者去矣，而不病者又以畏病畏危去，將誰與竣所事？與其今日早去，何如前日不來？疇其能余迫？今既來矣，遑惜其他？〔二〕心志素定，神氣自旺，匪直山鬼降心，二豎且遠避百舍。且余固以嗜遊來，余嘗謂：「探奇攬勝者，毋畏惡趣，遊不險不奇，趣不惡不快。」太白登華山，恨不攜謝朓驚人句，搔首問天。昌黎登華嶽絶頂，痛哭投書與家人別，華陰令百計取之，迺得下，皆以嗜遊癖者也。余雖不敢仰希前哲，然茲行所歷，當令昌黎太白增羨〔三〕。況蓬萊在望，弱水可掬，藉令祖龍、漢武聞之，不將褰裳恐後乎？

【校勘記】

〔一〕「身非金石力不勝鼷鼠況」凡十字，原脱，參考許俊雅裨海紀遊校釋、臺灣歷史文獻叢刊等補。

〔二〕「況生平歷險遭艱」至「遑惜其他」諸字，原脱，據方豪校本補。
〔三〕「太白登華山」至「當令昌黎太白增羨」諸字，原脱，據方豪校本補。

採硫日記卷下

余既窮幽極遠，歷海外無人之域，其於全臺山川夷險、形勢扼塞、番俗民情，不啻户至而寸履焉。可不一言，俾留意當世者知之。間嘗於清旦策杖，薄暮操舟，周覽探討而得其槩焉。蓋淡水者〔一〕，臺灣西北隅盡處也。高山嵯峨，俯瞰大海，與閩之福州府閩安鎮東西相望，隔海遥峙，計水程七八更耳。山下臨江埤垸爲淡水城〔二〕，亦前紅毛爲守港口設者。鄭氏既有臺灣，以淡水近内地，仍設重兵戍守。本朝内外一家，不虞他寇，防守漸弛，惟安平水師，撥兵十人，率半歲一更〔三〕，而水師弁卒，又視爲畏途，扁舟至社，信宿即返。十五六年城中無戍兵之跡矣〔四〕。歲久荒蕪，入者輒死，爲鬼爲毒，人無由知。汛守之設，特虚名耳。緣海東行百六七十里，至鷄籠山，是臺之東北隅。有小山圓鋭，去水面十里，孤懸海中〔五〕，以鷄籠名者，肖其形也。過此而南，則爲臺灣之東面。東西之間，高山阻絶，又爲野番盤據，勢不可通。而鷄籠山之下，實近弱水，秋毫不載，舟至即沉。或云：名爲「萬水朝東」，水勢傾瀉，捲入地底，滔滔東逝，流而不返。二説未詳孰是。從無操舟往試歸告於人者，海舟相戒不敢出其下，故於水道亦不能通，西不知東，猶東之不知西也。

【校勘記】

〔一〕「余既窮幽極遠」至「周覽探討而得其槩焉蓋」諸字，昭代本無。

〔二〕「埤堄」，昭代本作「陴堄」。

〔三〕「歲」，昭代本作「載」。

〔四〕「五」，昭代本無。

〔五〕「孤」，昭代本無。

止就西言：自淡水港而南，迄於郡治，尚有南嵌、竹塹、後龍、鹿仔音雅、二林、臺仔窔、莽港等七港。自郡治而南至鳳山縣沙馬磯〔一〕，亦有蠔港、打狗仔、下淡水三港〔二〕。山中澗水所出，雖沙堅水淺，難容巨舶，每當潮汐，亦可進舟。設有寇盜伺隙，或紅毛思復故物，以數舶虛攻鹿耳牽制水陸，而出偏師掩襲各港，據土列營，首尾夾擊，則我兵守禦勢分，三面受敵矣。今獨重鹿耳、安平之守，而於各港一切泄視，非計之得也。

【校勘記】

〔一〕「尚有南嵌」至「自郡治」諸字，原脱，據昭代本補。「至」，昭代本無。

〔二〕「水」下，昭代本有一「等」字。

又郡治各邑，悉無城郭，戰守無憑，當事者亦屢圖之，以去山遠，無水道，不可得石，往往中輟。近有建議植竹爲城者，以竹種獨異内地，叢生合沓，間不容髪，而旁枝横勁〔一〕，篠節皆刺，若夾植二三重，雖狐鼠不敢穴，矢礮不能穿，其勢反堅於石，而又無舂築之勞〔二〕。但令比户各植數竿，不煩民力〔三〕，而民易從，期月之間，可使平地有金湯之壯。其説可採，所當亟爲舉行，不待再計者。至若諸羅、鳳山諸邑〔四〕，各有疆域，舍己邑不居，而寄居郡治臺邑之地，若僑寓然。似宜各度地勢植竹建城，不獨撫字爲便，而犄角互援之勢亦成矣。

【校勘記】

〔一〕「旁」，昭代本作「傍」。

〔二〕「勞」，昭代本作「煩」。

〔三〕「煩」，昭代本作「勞」。

〔四〕「諸」，昭代本作「二」。

近者海内恒苦貧，斗米百錢，民多饑色。賈人責負聲，日沸闤闠〔一〕。臺郡獨似富庶，市中百物價倍，購者無吝色，貿易之肆，期約不愆。傭人計日百錢，趦趄不應召。屠兒牧豎，腰纏常數十金，每遇摴蒱，浪棄一擲間，不甚惜。余頗怪之。因留臺久，始得其故。〔二〕

茲地自鄭氏竊踞至今〔三〕，民間積貯有年矣。王師克臺，倒戈歸誠，不煩攻圍，不經焚掠。蕩平之後，設鎮兵三千人，協兵南北二路二千人，安平水師三千人，澎湖水師二千人。三邑丁賦就地放給外，藩庫又歲發十四萬有奇，以給兵餉。兵丁一人，歲得十二兩，以之充膳、製衣履，猶慮不敷，甯有余蓄，蓋皆散在民間矣。

【校勘記】

〔一〕「闤闠」，昭代本作「膕」。

〔二〕「屠兒牧豎」至「始得其故」諸字，昭代本無。

〔三〕「至今」凡二字，原脱，據昭代本補。

又植蔗爲糖，歲産二三十萬，商舶購之，以貿日本、吕宋諸國。又米、穀、麻、豆、鹿皮、鹿脯，運之四方者十余萬。是臺灣一區，歲入財賦五六十萬。自康熙癸亥削平以來，十五六年間〔一〕，總計不下千萬。入多而出少，較之内地州縣錢糧，悉輸大部，有去無回者，安得不彼日瘠而此日腴乎。又臺土宜稼，收穫倍蓰，治田千畝〔二〕，給數萬人，食有余〔三〕。爲賈販通外洋諸國，則財用不匱。民富土沃，又當四達之海，即今内地民人〔四〕，襁至輻輳，皆願出於其市。萑苻陸梁，孰不欲掩而有之。有如曩昔鄭氏者，乘間覬覦，實足爲患，而内地沿海，且無寧宇矣。議者謂：「海外丸泥，不足爲中國加廣。裸體文身之番，不足與共守。日費天府金錢無益，不若徙其人而空其地。」不知我棄之，人必取之，我能徙之，彼不難移民以實之。噫，計亦疎矣。

【校勘記】

〔一〕「十五六年間」凡五字，昭代本無。
〔二〕「畝」，原作「二」，疑誤，據文意改。
〔三〕「食」上，昭代本有一「日」字。
〔四〕「民人」，昭代本作「人民」。

我朝自鄭氏竊據以來，海艅飄忽，在在入寇，江、浙、閩、粵沿海郡縣，蹂躪幾遍，兵戈垂四十年不息，至沿海萬里遷界爲清野計，屢煩大兵迄不能滅者，以有臺灣爲之基也。今既有其地，而謂當棄之，則琉球、日本、紅毛、安南、東京諸國必踞之矣〔一〕。

琉球最稱小弱，素不爲中國患，即有之，亦不能長守爲中國藩籬。安南、東京，搆兵不解，無暇遠圖。日本最大，獨稱强國。紅毛狡黠，尤精戰艘火器，又爲西洋附庸。西洋人務爲遠圖，用心堅深，不可測識，幸去中國遠，窺伺不易。使有臺灣置足，則朝去暮來，擾害可勝言哉。鄭鑒不遠，何異自壞藩籬，以資寇巢。是智者所不爲也〔三〕。犄角三城，搤隘各港，堅守鹿耳，外此無良圖矣。然守臺灣，尤宜以澎湖爲重。澎湖者，臺灣之門户也。三十六島，絶無暗礁，在在可以泊船。故欲犯臺灣，必先攻澎湖，澎湖既得，進戰退守無不宜。欲守臺灣，亦先守澎湖，澎湖堅壁，敵舟漂蕩無泊，即坐而自困。疇昔鄭氏，尚與王師鏖戰，澎湖既失，遂至窮蹙〔四〕，蓋可鑒也。

【校勘記】

〔一〕「矣」原脱，據昭代本補。

〔二〕「是」，原作「不」，昭代本作「是不待」，據文意改。

〔三〕「蹙」，昭代本作「促」。

乃臺民居恒思亂，每聚不軌之徒，稱號鑄印、散劄設官者，歲不乏人。敗露死杖下，仍多繼起者。非有豪傑之士，欲踵武鄭氏也〔一〕，緣臺民皆漳、泉寄籍人，五十年來〔二〕，習見兵戈不足畏，又目睹鄭氏將弁投誠，皆得官封公侯，以是爲青雲捷徑，成則王，敗不失爲進身階，故接踵走死地如鶩〔三〕。非性不善，習見誤之耳。往歲獲亂人，問：「何爲叛？」對曰〔四〕：「我非叛，諸公何過譸張〔五〕？」復問：「印劄有據，非叛而何？」對曰：「冀投誠圖出身耳。」聞者絕倒。不知鄭氏方猖，有來歸者，廟謨不惜一官畀之，不如是，不足解其黨。禦亂有術，因時制宜。〔六〕今鄭氏反正，薄海乂安，盜弄潢池，有戮無赦〔七〕，寧與前此同日語乎，亦愚甚矣。故臺灣縣易藏奸宄，事較兩邑爲繁。

【校勘記】

〔一〕「也」，昭代本無。

〔二〕「五十」，昭代本作「數十」。

〔三〕「鶩」，原作「鶩」，誤。

〔四〕「對」，原脱，據昭代本補。

〔五〕「過」，昭代本作「故」。

〔六〕「禦亂有術因時制宜」凡八字，原脱，據昭代本補。

〔七〕「赦」，昭代本作「宥」。

諸羅、鳳山無民，所隸皆土著番人。番有土番、野番之别，野番在深山中，疊嶂如屏，連峰插漢，深林密箐，仰不見天，棘刺藤蘿，舉足觸礙，蓋自洪荒以來，斧斤所未入，野番生其中，巢居穴處，血飲毛茹者，種類實繁，其升高陟巔越徑度箐之捷〔一〕，可以追鷩猿，逐駭獸，平地諸番恒畏之，無敢入其境者。而野番恃其獷悍，時出剽掠，焚廬殺人，已復歸其巢〔二〕，莫能向邇。其殺人輒取首去，歸而熟之，剔取髑髏，加以丹雘〔三〕，置之當户，同類視其室髑髏多者推爲雄，如夢如醉，不知向化，直禽獸耳。譬如虎豹，遭之則噬；蛇虺，攖之則嚙；苟不近其穴，彼無肆毒之心，亦聽其生槁於雨露中耳。

客冬有趨利賴科者，欲通東面土番，與七人爲侣，晝伏夜行，從野番中越度萬山，竟達東面。東番知其唐人，争款之，又導之遊各番社，禾黍芃芃，比户殷富，謂苦野番間阻，不得與西面通，欲約西番夾擊之。又曰：「寄語長官，若能以兵相助，則山東萬人，鑿山通道，東西一家，共輸貢賦，爲天朝民矣。」又以小舟從極南沙馬磯海道送之歸。七人所得餽遺甚厚，謂番俗與西番大略相似，獨平地至海，較西爲廣。有當事者能持其議，與東番約期夾擊，剿撫並施，烈澤焚山，夷其險阻，則數年

之後，未必不變荆棘爲坦途，而化槃瓠𤰞篨爲良民也。〔四〕

若夫平地近番，冬夏一布，粗糲一飽，不識不知，無求無欲。自遊於葛天、無懷之世，有擊壤、鼓腹之遺風，亦恒往來市中〔五〕，狀貌無甚異，惟兩目凹深瞪視〔六〕，似稍別。其語多作都盧嘓轆聲，呼酒曰「打剌酥」，呼煙曰「篤木固」，略與相似。相傳臺灣空山無人，自南宋時元人滅金，金人有浮海避元者，爲颶風飄至，各擇所居，耕鑿自贍，遠者或不相往來。數世之後，忘其所自，而語則未嘗改〔七〕。

【校勘記】

〔一〕「越徑度箐」，昭代本作「越箐度莽」。

〔二〕「已復歸其巢」凡五字，原脱，據昭代本補。

〔三〕「臒」，昭代本作「羣」。

〔四〕「譬如虎豹」至「而化槃瓠𤰞篨爲良民也」諸字，昭代本無。

〔五〕「自遊於葛天」至「鼓腹之遺風亦」諸字，原脱，據許俊雅禆海紀游校譯、臺灣歷史文獻叢刊等補。

〔六〕「凹」，原作「拗」，據昭代本改。

〔七〕「則」，昭代本無。

男女夏則裸體，惟私處圍三尺布，冬寒以番毯爲單衣，毯緝樹皮雜犬毛爲之〔一〕。亦有用麻者，厚可一錢，兩幅連綴，不開領脰，衣時以頭貫之，仍露其臂。又有袒挂一臂，及兩幅左右互袒者。婦人衣以一幅雙疊，縫其兩腋，僅蔽胸背，别以一副縫其兩端以受臂，而横擔肩上。上衣覆乳露腹；中衣横裹，僅掩私，不及膝；足不知履，以烏布圍股；一身凡三截，各不相屬。老人頭白，則不挂一縷，箕踞往來，鄰婦不避也。

【校勘記】

〔一〕「緝」，原作「湒」，疑誤，據文意改。「犬」，昭代本作「文」。

髮如亂蓬，以青蒿爲香草，日取束髮，蟣虱遶走其上。間有少婦施膏沐者，分兩綹盤之，亦有致。妍者亦露倩盼之態，但以鹿脂爲膏，羴不可近。男子競尚大耳，於成童時，向耳垂間各穿一孔，用篠竹貫之，日以加大，有大如盤，至於垂肩撞胸者。項間螺貝纍纍，盤繞數匝，五色陸離，都成光怪。胸背文以雕青，爲鳥翼、網罟、虎豹文，不可名狀。人無老少，不留一髭，並五毛盡去之。

有疾不知醫藥，惟飲溪水則愈。婦人無冬夏，日浴於溪，浴畢汲上流之水而歸。有病者，浴益頻。孕婦始娩，即攜兒赴浴。兒患痘，盡出其漿，復浴之，曰：「不若是，不愈也。」

婚姻無媒妁，女已長〔一〕，父母使居別室中，少年求偶者皆來，吹鼻簫，彈口琴，得女子和之，即入與亂，亂畢自去。久之，女擇所愛者乃與挽手。挽手者，以明私許之意也。明日，女告其父母，召挽手少年至，鑿上齶門牙旁二齒授女，女亦鑿二齒付男，期某日就婦室婚，終身依婦以處。蓋皆以門楣紹瓜瓞，父母不得有其子，故一再世而孫且不識其祖矣。番人皆無姓氏，有以也。

番室倣龜殼爲制，築土基三五尺，立棟其上，覆以茆，茆簷深遠，垂地過土基方丈，雨暘不得侵。其下可炊可舂〔二〕，可坐可臥，以貯笨車、網罟、農具、鷄栖、豚柵，無不宜。室前後各爲牖，在脊棟下，緣梯而登。室中空無所有，視有幾人，爲置幾榻，人惟藉鹿皮擇便臥。夏並鹿皮去之，藉地而已。壁間懸葫蘆，大如斗，旨蓄毯衣納其中。竹筒數規，則新醅也。其釀法，聚男女老幼共嚼米，納筒中，數日成酒，飲時入清泉和之。客至，番婦傾筒中酒先嘗，然後進客，客飲盡則喜，否則愠。愠客或憎之也，又呼其鄰婦，各衣毯衣，爲聯袂之歌以侑觴，客或狎之，亦不怒。其夫見婦爲客狎，喜甚，謂己妻實都，故唐人悦之海外皆稱中國爲大唐，稱中國人曰唐人。若其同類爲奸，則挾弓矢偵姦人射殺之，而不懟其婦。

【校勘記】

〔一〕「已」，昭代本無。

〔二〕「可炊可舂」，昭代本作「可舂可飲」。

地産五穀，番人惟食稻、黍與稷，都不知食麥。其饔飧不宿舂，曉起待炊而舂〔一〕，既熟，聚家人手摶食之。山中多麋鹿，射得輒飲其血，肉之生熟不甚較，果腹而已。出不慮風雨，行不計止宿。食云則食，坐云則坐〔二〕。喜一笑，痛一蹙。〔三〕終歲不知春夏，老死不知年歲。寒然後求衣，飢然後求食，不預計也。村落廬舍，各爲向背。無市肆貿易，有金錢，無所用，故不知蓄積。雖有餘力，惟知計食而耕〔四〕，秋成納稼，計終歲所食有餘，則盡付麴櫱，來年新禾既植，又盡以所餘釀酒。番人無男女皆嗜酒，酒熟，各攜所釀，聚男女酣飲，歌呼如沸，累三日夜不輟。余粟既罄，雖飢不悔。

【校勘記】

〔一〕「待炊而舂」，原作「待舂而飲」，疑誤。

〔二〕「酒飲時入清泉和之」至「食云則食坐」諸字，昭代本無。

〔三〕「食云則食」至「痛一蹙」諸字，原脱，據昭代本與方豪校本補。

〔四〕「食」，昭代本作「日」。

屋必自構，衣需自織，耕田而後食，汲澗而後飲，績麻爲罔，屈竹爲弓，以獵以漁〔一〕，蓋畢世所需，罔非自爲而後用之。腰間一刃，行卧與俱，凡所成造，皆出於此。惟陶冶不能自爲，得鐵則取澗中兩石夾槌之，久亦成器，未嘗不利於用。剖匏截竹〔二〕，用代陶瓦，可以挹酒漿，可以胹饙餈。我有之，我飲食之〔三〕，鄉黨親戚，緩急有無不相通，鄰家米爛粟紅〔四〕，饑者不之貸也。

【校勘記】

〔一〕「以漁」，昭代本作「爲漁」。

〔二〕「匏」，昭代本作「瓠」。
〔三〕「我有之我飲食之」凡七字，原脱，據昭代本補。
〔四〕「家」，昭代本作「人」。「粟」，昭代本作「倉」。

社有小大，户口有衆寡，皆推一二人爲土官。其居室、飲食、力作，皆與衆等，無一毫加於衆番。不似滇廣土官，徵賦税，操殺奪，擁兵自衛者比。其先不知有君長，自紅毛始據時，平地土番悉受約束，力役輸賦不敢違，犯法殺人者，剿滅無孑遺。鄭氏繼至，立法尤嚴，誅夷不遺赤子〔一〕，併田疇廬舍廢之。其實土番殺人，非謀不軌也，麴糵誤之也〔二〕。羣飲之際，誇力争强，互不相下，梱罣未釋手，白刃已陷其胆間〔三〕，有平時睚眦，醉後修怨，旦日酒醒，曾不自知，而討罪之師已躡其門矣。至今大肚、牛罵、大甲、竹塹諸社，林莽荒穢，不見一人，諸番視此爲戒，相率謂曰：「紅毛强，犯之無噍類。鄭氏來，紅毛畏之逃去。今鄭氏又爲皇帝勦滅，盡爲臣虜，皇帝真天威矣〔四〕。」故其人既愚，又甚畏法。

【校勘記】

〔一〕「不遺」凡二字，昭代本無。

〔二〕「也」，昭代本作「耳」。
〔三〕「其」下，昭代本有一「腰」字。
〔四〕「皇帝」凡二字，原脱，據昭代本補。

曩鄭氏於諸番徭賦頗重，我朝因之。秋成輸穀似易，而艱於輸賦，彼終世不知白鏹爲何物，又安所得此以貢其上。於是仍沿包社之法，郡縣有財力者，認辦社課，名曰社商。社商又委通事夥長輩，使居社中，凡番人一粒一毫，皆有籍稽之。射得麋鹿〔一〕，盡取其肉爲脯，並收其皮。日本人甚需鹿皮，有賈舶收買，脯以鬻漳郡人，二者輸賦有餘。然此輩欺番人愚，朘削無厭，視所有不異己物。平時事無巨細，悉呼番人男婦孩稚，供役其室無虚日。且皆納番婦爲妻妾，有求必與，有過必撻，而番人不甚怨之。苟能化以禮義，風以詩書，教以蓄有備無之道，制以衣服、飲食、冠婚、喪祭之禮，使咸知愛親、敬長、尊君、親上，啓發樂生之心，潛消頑憝之性〔二〕，遠在百年，近則三十年，將見風俗改觀，率循禮教，寧與中國之民有以異乎〔三〕。古稱荆蠻斷髮文身之俗，乃在吳越近地，今且蔚爲人文淵藪。至若閩地，叛服不常，漢世再棄而復收之〔四〕。自道南先生出，而有宋理學大儒競起南中。人固不可以常俗限〔五〕，是在上之人鼓舞而化導之耳〔六〕。

【校勘記】

〔一〕「射」，昭代本作「躬」。
〔二〕「慭」，昭代本作「慇」。
〔三〕「民」，昭代本作「人」。
〔四〕「收」，昭代本作「敗」。
〔五〕「以」，原脱，據昭代本補。
〔六〕「是」，原脱，據昭代本補。

今臺郡百執事，朝廷以其海外勞吏，每三歲遷擢，政令初施，人心未洽，而轉盼易之。安必蕭規曹隨，後至者一守前人繩尺，不事更張爲。況席不暇暖〔一〕，視一官如傳舍〔二〕，孰肯爲遠效難稽之治乎。余謂欲化番人，必如周之分封同姓及世卿采地〔三〕，子孫世守，或如唐韋皋、宋張詠之治蜀，久任數十年，不責旦暮之效然後可。噫，蓋亦難言矣。而又有暗阻潛撓於中者〔四〕，則社棍是也。此輩皆内地犯法奸民，逃死匿身於僻遠無人之地，謀充夥長通事，爲日既久，熟識番情，復解番語，父死子繼，流毒無已。彼社商者，不過高坐郡邑，催餉納課而已。社事任其播弄，故社商有虧折耗費，此輩坐享其利。社商率一二歲更易〔五〕，而此輩雖死不移也。此輩正利番人之愚，又甚欲番人之貧：愚則不識不知，攫奪惟意。貧則易於迫挾，力不敢抗。匪特不教之〔六〕，且時時誘陷之。即有以冤訴者，而番語侏離，不能達情，聽訟者仍問之通事，通事顛倒是非以對，番人反受呵譴〔七〕。通事又告之曰：「縣官以爾違通事夥長言，故怒責爾。」於是番人益畏社棍，視之不啻帝天。其情至於無告，而上之人無由知。〔八〕是舉世所當哀矜者，莫番人若矣。乃以其異類且歧視之。見其無衣，曰：「是不知寒。」見其雨行露宿，曰：「彼不致疾。」見其負重馳遠，曰：「若本耐勞。」噫，若亦人也。其肢體皮骨，何莫非人？而云若是乎？馬不宿馳，牛無偏駕，否且致疾，牛馬且然，而况人乎？抑知彼苟多帛，亦重綈矣，寒胡爲哉？彼苟無事，亦安居矣，暴露胡爲哉？彼苟免力役，亦暇且逸矣，奔走負戴於社棍之室胡爲哉？〔九〕夫樂飽暖而苦飢寒〔一〇〕，厭勞役而安逸豫，人之性也，異其人，何必異其性？仁人君子，知不吐余言。

【校勘記】

〔一〕「安必蕭規曹隨」至「况席不暇暖」諸字，原脱，據昭代本補。

〔二〕「如」，昭代本無。
〔三〕「及世卿采地」凡五字，原脱，據昭代本補。
〔四〕「而」，昭代本作「然」。
〔五〕「易」，昭代本作「換」。
〔六〕「匪」，昭代本作「非」。
〔七〕「呵」，昭代本作「訶」。
〔八〕「其情至於無告而上之人無由知」諸字，原脱，據昭代本補。
〔九〕「抑知彼苟多帛」至「奔走負戴於社棍之室胡爲哉」諸字，原脱，據昭代本補。
〔一〇〕「夫」，昭代本無。

七月望，炎暑漸退，新涼襲人。有役夫自省中初至者十二人，方共具飯醪，爲中元祀鬼事，向空山羅拜，余笑而賚之酒。其明日，有三人忽稱病。

十七日，病者又五人，北風大作。

十八日，風愈横，而十二人悉不起，爨煙遽絶。

十九日至二十一日，大風拔木，三晝夜不輟，草屋二十余間，圮者過半。夜卧聞草樹聲與海濤，澎湃震耳，屋漏如傾，終夜數起，不能交睫。

二十二日，風雨益横，屋前草亭飛去，如空中舞蝶。余屋三楹，風至兩柱俱折，廬屋圮無容身地，冒雨攜斧斯自伐六樹支棟，力憊甚。而萬山崩流並下，汎濫四溢，顧病者皆仰卧莫起，急呼三板來渡。余猶往來岸上，尚欲爲室中所有計，不虞水勢驟湧，急趨屋後深草中避之。水隨踵至，自没脛没膝，至於及胸。在大風雨中涉水行三四里，風至時時欲仆，以杖掖之，得山巖番室暫棲。暮，無從得食，以身衣向番兒易隻鷄充餒。中夜風力猶勁。

二十三日，平明，風雨俱息。比午，有霽色，呼番兒棹莽葛至山下渡余登海舶，過草廬舊址，惟平地而已。余既倖生存，亦不復更念室中物。敝衣猶足蔽體，解付舟人，就日曝乾，復衣之。遂居舟中。

二十五日，水既落，乘海舶出港，至張大所。有病者殞舟中，爲藁葬山下，以屍骨無渡海理也。

二十八日，視舟中病者轉劇，因遣海舶急歸。余獨留張大家，命張大爲余再治屋。

二十九日，復大風雨四晝夜，洪水又至，走二靈山避之，驚怖有甚於前。幸早避，得免涉水。然在空山中，竟一日夜不得食。

初四日，雨止風息，再返張大所。

初八日，有一舶入港，言初五日三舶同自省中來，半渡遭風，一舶已碎，其一不知所往。友人顧君敷公在焉，念之甚切，自此旦旦出海上望之。

十五日，中秋節，番兒報舊址茆屋成，尚有臺郡病夫二人不能歸者，從余走海岸沙際遥望。午後，張大攜餚核至，與余就沙際飲。抵暮而返，不見一帆。

十六日，乘莽葛返茆屋中，與病夫二人俱。視新結茆三區，區各三楹，余與二病夫各占一區。夜惟孤影，四面猿啼鬼嘯聲不輟。有臺令李子鵠梅花書屋詩一卷，雋永可玩，坐常至夜分。一夕，甫就枕，殘燈既熄，帳前有火光如碗，碧色，去地三尺許，知其燐也，審視久之而滅。

二十五日，忽聞有海舶至，驚喜出户，則顧君敷公至矣。問遭風飄泊何所，云：「是日，西岸頗無風，半渡風至，舟人强持之，已見鷄籠、二靈諸山。值潮落，不得入港。陳某一舶已觸岸爲齏粉，惕然轉柁，歸西岸，泊定海鎮山下。舟中器具悉敗，需補製，而大風又半月不輟，故遲來，幸無恙。」而余前遣歸一舶，亦以是日至。問病者歸去何若，則死過半矣。計兩舶中復來夫役近六十人。明日再修釜突，煎煉硫土，一如曩日。夜則與顧君共論前代海防及僞鄭故事，議其得喪。私謂吾兩人已絶蠻貊，蹈非人之境，人將不堪憂，如吾兩人，豈非不改其樂者歟？復一夕〔一〕，就寢未寐，視屋外火光如箕，赤色耀目。余以見慣不怪，顧君駭曰：「君榻下何故燃燭？」余笑曰：「火從君枕畔來，照吾榻下，君試反顧，必有所見。」顧君遽躍起，方結衣褌，欲出户，火光漸滅。又一夕，有鳴鏑過枕畔，恐野番乘夜加遺，出户視之，不見一物。

【校勘記】

〔一〕「私謂吾兩人已绝蠻貊」至「復」諸字，原脱，據許俊雅禆海紀遊校釋、臺灣歷史文獻叢刊等補。

十月朔，硫事既竣，將理歸棹，命衆役夫向山前刈薪，午後又使人艤三板水涯以待，見四人並坐樹下，疑刈薪有先歸者，趨問之，已不見。種種幻妄，皆鬼物也，人之居此，甯不病且殆乎？

初四日，復出，至張大家與别，遂登舟。

初七日，未刻，值風便，與顧君舶同出大海。北風方勁，巨浪如山，行不數里，余舟檣折有聲，回視顧君一舶，亦大呼檣折。二舶在巨浪中，既無復入港理，隨風蕩漾，意必飄南方千里外，憂不能寐。

初八日，侵曉，風稍息，余攬衣出視，晨光初動，宿靄未收，而一輪紅日，從鷁尾水底湧出，三躍而後昇，大如車輪，海波盡赤，不瞬息已丈余高矣。向聞登州日觀擅奇，殆未必如余所覩也。將午，遥見遠山在有無間，猶疑爲海上雲氣，午後，審視漸真，舟師謂是省城官塘山。夜半，抵官塘，猶屬海外孤島，不連内地。

初九日，自官塘趨定海鎮。巳刻，將近山，顧君一舶已先至，相見如夢。意二舶檣折，無並全理，竟達會城，嘆爲神助。望山上兩城遥峙，前人築爲犄角互守計者也。命舟師棹三板登岸〔一〕，周覽一匝，略得形勢之概。沿海市肆碁布，漁艇有大於海舶者。覽畢登舟，乘順風南行，去岸甚遠，仍行大海五六十里。至五虎門，兩山夾峙，勢甚雄險。又有巨石綿亘入海，如五虎蹲踞中流，實閩省門户也。門外風力鼓蕩，舟勢顛越。既入門，静渌淵渟，與門外迥别矣。左望山巒斷處，爲梅花嶼，沙淤水淺，非潮長不能出入。更進爲亭頭土音讀作城頭，是近海大村落。至則暮矣，命從者攜卧具，與顧君偕登怡山僧院假宿焉。老僧粗解文義，可與語。壁間有詩，倚韻爲五言律：「弱水歸帆遠，驚濤日夜紛。青衫余蜃氣，寶劍有龍文。暫息並州駕，還瞻故國雲。鐘聲與禪誦，清響得重聞。」

【校勘記】

〔一〕「棹」，原作「掉」，疑誤。據許俊雅裨海紀遊校釋改。

初十日，復登舟，苦水涸，必候潮至始行。行十里至閩安鎮，有副帥，屯兵千人守口，再行十里，膠淺不前。

十一日，行不數里。

十二日，趁微風，以棹佐之，望見南臺大橋。周子宣玉率數僕乘小艇來迓，既見，歡甚。余與宣玉共乘小艇，同至大橋，登陸。入城，求晤曩時餞送諸交好，惟裘子紹衣、何子襄臣、表姪周在魯三人在，余或歸家，或他適，不可得見。獨呂子鴻圖先我渡海歸，差可喜。再覩城市景物，憶半載處非人之境，不啻隔世，不知較化鶴歸來者何如。余向慕海外遊，謂弱水可掬，三山可即，今既目極蒼茫，足窮幽險，而所謂神仙者，不過裸體文身之類而已。縱有閬苑蓬瀛，不若吾鄉瀲灩空濛處。簫鼓畫船，雨奇晴好，足繫吾思也。憶遊歷所覩，再爲土番竹枝以詠之。

生來曾不識衣衫，裸體年年耐歲寒。犢鼻也知難免俗，烏青三尺是圍闌。

烏青是黑布名。

文身舊俗是雕青，背上盤旋鳥翼形。一變又爲文豹鞹，蛇神牛鬼共猙獰。

半線以北，胸背皆作豹文，如半臂之在體。

胸背斕斑直到腰，争誇錯錦勝鮫綃。冰肌玉腕都文遍，只有雙蛾不解描。

番婦臂股，文繡都遍，獨頭面蓬垢，不知修飾，以無鏡可照，終身不能一睹其貌也。

番兒大耳是奇觀，少小都將兩耳鑽。截竹塞輪輪漸大，如錢如椀復如盤。

番兒大耳如盤，立則垂肩，行則撞胸。同類競以耳大爲豪，故不辭痛楚爲之。

丫髻三叉似幼童，髮根偏愛繫紅絨。出門又插文禽尾，陌上飄飄各鬥風。

覆額齊眉繞亂莎，不分男女似頭陀。晚來女伴臨溪浴，一隊鸕鶿蕩緑波。

半線以北，男女皆翦髮覆額，狀若頭陀。番婦無老幼，每近日暮，必浴溪中。

鑢貝雕螺各盡功，陸離斑駁碧兼紅。番兒項下重重遶，客至疑過繡領宫。

銅箍鐵鐲儼刑人，鬥怪争奇事事新。多少丹青摹變相，畫圖那得似生成。

老翁似女女如男，男女無分總一般。口角有髭皆拔盡，鬚眉都作婦人顔。

腰下人人插短刀，朝朝磨礪可吹毛。殺人屠狗般般用，纔罷樵薪又索綯。

人各一刀，頃刻不離，斫伐割剥，事事用之。

畊田鑿井自艱辛，緩急何曾叩比鄰。構屋斲輪還結網，百工俱備一人身。

番人不知交易、借貸，有無相通理，鄰人有粟，饑者不之貸也。畢世所需，皆自爲而後用之。

輕身矯捷似猿猱，編竹爲箍束細腰。等得吹簫尋鳳侶，從今割斷伴妖嬈。

番兒以射鹿逐獸爲生，腹大則走不疾，自孩孺即箍其腰，至長不弛，常有足追奔馬者。結縭之夕始斷之。

男兒待字蚤離娘，有子成童任遠颺。不重生男重生女，家園原不與兒郎。

番俗以壻紹瓜瓞，有子不得承父業，故不知有姓氏。

女兒纔到破瓜時，阿母忙爲搆屋居。吹得鼻簫能合調，任教自擇可人兒。

番女與鄰兒私通，得以自擇所愛。

只須嬌女得歡心，那見堂開孔雀屏？既得歡心纔挽手，更加鑿齒締婣盟。

亂髮鬖鬖不作緺，常將兩手自搔爬。飛蓬畢世無膏沐，一様緺繆是室家。

番婦亂髮如蓬，蟣蝨遶走其上，時以五指代梳。

誰道番姬巧解釀，自將生米嚼成漿。竹筒爲甕牀頭掛，客至開筒勸客嘗。

夫攜弓矢婦鋤耰，無褐無衣不解愁。番罽一圍聊蔽體，雨來還有鹿皮兜。

鹿皮藉地爲卧具，遇雨即以覆體。

竹弓楛矢赴鹿場，射得鹿來交社商。家家婦子門前盼，飽惟余瀝是頭腸。

番人射得麋鹿以付社商收掌充賦，惟頭腸無用，得與妻孥共飽。

莽葛元來是小舠，刳將獨木似浮瓢。月明海澨歌如沸，知是番兒夜弄潮。

番人夫婦，乘莽葛射魚，歌聲竟夜不輟。

種秫秋來甫入場，舉家爲計一年糧。余皆釀酒呼羣輩，共罄平原十日觴。

秫米登場，即以爲酒，男女藉草劇飲歌舞，晝夜不輟，不盡不止。

梨園敝服已蒙茸，男女無分只尚紅。或曳朱襦或半臂，土官氣象已從容。

土官購戲衣爲公服，但求紅紫，不問男女。

土番舌上掉都盧，對酒歡呼打剌酥。聞道金亡避元難，颶風吹到始謀居。

番語皆滾舌作都盧轂轆聲。

深山負險聚遊魂，一種名爲傀儡番。博得頭顱當户列，髑髏多處是豪門。

深山野番，種類實繁，舉傀儡番以槩其餘。〔一〕

【校勘記】

〔一〕「七月望」至「舉傀儡番以槩其餘」諸字，昭代本無。

附録

一、郁永河其他著作

（一）鄭氏逸事（原題僞鄭逸事）

鄭芝龍，閩泉郡南安人。明季與劉香老同嘯聚海上，往來閩粵間。既而投誠，授遊擊將軍。討劉香老，殄之。崇禎甲申，京師陷。其明年，世祖章皇帝定鼎，分兵南下，芝龍以兵降。鄭成功者小字森舍，芝龍庶長子也，時年十七，已入泮爲諸生。方衣單絺，閒步階前，聞父降，咨嗟太息。頃之，其弟襲舍自外來，成功告之故，且曰：「汝宜助我。」即與徒手出門，從者十八人，棹小舟至厦門隔港之古浪嶼山，招集數百人，方苦無資，人不爲用，適有賈舶自日本來者，使詢之，則二僕在焉，問有資幾何，曰：「近十萬。」成功命取佐軍，一僕曰：「未得主母命，森舍安得擅用？閩俗父爲官，其子皆得稱舍。」成功怒曰：「汝視我爲主母何人？敢抗耶？」立斬之，遂以其資，招兵製械。從者日衆，竟踞金、厦門。

鄭成功以弱冠，招集新附，踞守金、厦門，雖在海外，密邇内地，閩省沿海港澳可以出兵進勦者，在在皆是，倉猝攻之，守禦匪易。成功於内地港澳，悉設舟師，登陸爲寨，搤守水口。又徧布腹心於内地，凡督撫提鎮衙門，事無巨細，莫不報聞，皆得早爲之備。故以咫尺地，與大兵拒守三十餘年，終不敗事，其用心固已深矣。又成功於一切謀畫，皆出己見。其所任用，不過荷戈執戟摧鋒陷陣之徒，絶無謀士爲建一奇、畫一策者。非成功不好士，亦非士不爲用，良以謀畫無出成功右者。可見古人得士爲難，卧龍、鳳雛得一可王，而留侯、曲逆爲世不常有也。又聞成功夜不就寢，徧走達旦，妻妾皆卧，惟設酒果俟之，成功至，必取啖少許，復走如故。即寢亦無定所，固防奸人刺客，亦屬有所思也。欲保彈丸地，其難如此，彼於天下事一見易視者，鮮不敗矣。

成功以海外彈丸地，養兵十余萬，甲冑戈矢，罔不堅利，戰艦以數千計。又交通内地，徧買人心，而財用不匱者，以有通洋之利也。我朝嚴禁通洋，片板不得入海，而商賈壟斷，厚賂守口官兵，潛通鄭氏以達厦門，然後通販各國。凡中國各貨，海外人皆仰資鄭氏，於是通洋之利，惟鄭氏獨操之，財用益饒。暨乎遷界之令下，江浙閩粤沿海居民悉内徙四十里，築邊牆爲界，自爲堅壁清野計，量彼地小隘，賦税無多，使無所掠，則坐而自困，所謂不戰而屈人之兵，固非無見。不知海禁愈嚴，彼利益普，雖智者不及知也。即疇昔沿海所掠，不過厚兵將私橐，於鄭氏公帑，原無損益。海外諸國，惟日本最富强，而需中國百貨尤多，聞鄭氏兵精，頗憚之，又成功爲日本婦所出，因以渭陽誼相親，有求必與，故鄭氏府藏日盈。自耿逆叛亂，與鄭氏失好，耿兵方圖内嚮，鄭兵即躡其後，已據閩之興、漳、泉、汀、邵，粤之潮、惠七郡，養兵之用，悉資臺灣。自此府藏虚耗，敗歸之後，不可爲矣。

成功久踞金、厦門，蓄志内侵，造戰艦三千余艘。順治十三年，將大發兵窺江南，過浙之東甌，泊舟三日，連檣八十里，見者增慄。至江南羊山，山有神，獨嗜畜羊，海舶過者，必置一生羊而去，日久，蕃息至徧山，不可數計。鄭氏戰艦泊山下，將士競取羊爲食，山神怒〔一〕，大風驟至，巨艦自相撞擊立碎，損人船十七八，大失利返。至十六年，復大舉入寇，破京口，犯江寧，東南震驚。

【校勘記】

〔一〕「山」，原爲「干」，疑誤，據文意改。

成功特重操練，舳艫陳列，進退有法，將士在驚濤駭浪中無異平地，跳躑上下，矯捷如飛。將帥謁見，甲冑僅蔽身首，下體多赤腳不褌，有以靴履見者，必遭罵斥，併抑其賞。凡海岸多淤泥陷沙，惟赤腳得免粘滯，往來便捷，故與王師鏖戰屢勝。其於勝勢，固已占卻一籌矣。官兵以靴履行泥淖中，不陷即滑，奚免敗績。閩總督陳景，駐師漳郡城內，方圖進勦。鄭氏分兵沿海港口，與官兵拒守。有門子李文忠，素機警，善承伺意旨，爲總督親信，凡應對傳語，悉委任之，實陰通鄭氏者。一日，夜入總督卧内，刺之，取其首，並竊令箭，馳馬出南門，稱有軍機，傳令出城，無敢致詰，以首獻鄭成功。成功以僕弑主，甚惡之，薄與一官，不滿所望。歲余，以他事斬之。

龍碽者，大銅礮也。成功泊舟粵海中，見水底有光上騰，數日不滅，意必異寶，使善泅者入海試探，見兩銅礮浮游往來，以報，命多人持巨絙牽出之，一化龍去，一就縛。既出，斑駁陸離，若古鼎，光豔炫日，不似沈埋泥沙中物，較紅衣砲不加大而受藥彈獨多。先投小鐵丸斗許，乃入大彈，及發，大彈先出，鐵丸隨之，所至一方糜爛。成功出兵，必載與俱，名曰龍碩。然龍碩有前知，所往利，即數人牽之不知重，否則百人挽之不動，以卜戰勝，莫不驗。康熙十八年，劉國軒將攻泉郡，龍碩不肯行，強舁之往，及發，又不燃。國軒怒，杖之八十，一發而炸裂如粉，傷者甚衆。

成功婦董氏，勤儉恭謹，日率姬妾婢婦爲紡績及製甲冑諸物，佐勞軍。成功於賞賚將士，揮千萬金不吝，獨於女紅不令少怠，使絶其淫佚之萌，可謂得治内之道者矣。

成功立法尚嚴，雖在親族有罪，不少貸。有功必賞金帛珍寶，頒賚無吝容。傷亡將士，撫卹尤至，故人皆畏而懷之，咸樂爲用。其立法：有犯姦者，婦人沉之海，姦夫死杖下。爲盜不論贓多寡，必斬。有盜伐人一竹者，立斬之。至今臺灣市肆百貨露積，無敢盜者，以承峻法後也。長子錦舍即鄭經與弟裕舍乳母某氏通，成功知之，命以某氏沉海，錦舍又私匿之，已逾三載，無敢爲成功言者。某氏怙寵，頗凌錦舍婦，婦不能堪，以告其祖父唐某號枚臣者，爲致書成功。時錦舍守厦門，成功居臺灣，以令箭授禮都司黄元亮，命渡海立取錦舍頭來，並令錦舍母董氏自盡。母子遷延未即死，會成功病亡得免，時年三十有九。

隆武時，凡以兵從者，悉加顯秩。鄭成功兵力獨強，賜姓朱氏，故人又稱成功國姓。至永曆，又晉封延平王，給金印，成功受而藏之，終身不一用，仍稱招討大將軍舊銜。其居臺灣，傳三世，悉遵永曆紀元，長至萬壽節，必設龍亭，率其官屬，朝賀如禮。

【附】陳參軍傳

陳參軍永華，字復甫，泉郡同安人。父某科孝廉，以廣文殉國難，公時年舞象，試冠軍，已補龍溪博士弟子員。因父喪，遂隨鄭成功居廈門。成功爲儲賢館，延四方之士，公與焉，未嘗受成功職也。其爲人淵沖静穆，語訥訥如不能出諸口；遇事果斷有識力，定計決疑，瞭如指掌，不爲群議所動。與人交，務盡忠款。平居燕處無惰容，布衣蔬食，泊如也。成功常語子錦舍即鄭經，指公曰：「吾遺以佐汝，汝其師事之。」

成功既没，鄭經繼襲，以公爲參軍，職兼將相。公慨然以身任事，知無不言，謀無不盡，經倚爲重。知公貧，常以海舶遺公，謂商賈僦此，歲可得數千金，聊資公用。公卻不受，强與之，輒遭風敗，更與之，亦然。公笑曰：「吾固知吾命窮，徒損他人資，無益。」臺郡多蕪地，公募人闢之，歲入穀數千石。比穫，悉以遺親舊，量其所需，或數十百石各有差，計己所存，足供終歲食而已。

逮耿逆以閩叛，鄭經乘機率舟師攻襲閩粤八郡，移駐泉州。使公居守臺灣，國事無大小，惟公主之。公轉粟餽餉，五六年軍無乏絶。初，鄭氏爲法尚嚴，多誅殺細過，公一以寬持之，間有斬戮，悉出平允，民皆悦服，相率感化，路不拾遺者數歲。一日，命家人灑掃廳事，内設供具，扃閉甚嚴，日齋沐具表入室拜禱，願以身代民命。或曰：「君秉國鈞，民之望也，今爲此，實駭觀聽，其若民心何？」公曰：「此吾所以爲民也。」復嘆曰：「鄭氏之祚不永矣！」居無何，告其家人曰：「上帝命吾宰茲郡，將以明日往。」詰朝端坐而逝。

婦洪氏，小字端舍，與公同邑人，賦質幽嫻。自于歸，有齊眉舉案風。晨興，盥沐畢，夫婦衣冠襝衽，揖而後語。尤長於詞翰，精刀札，閨門之内，切磋不異良友。公冗不暇給，凡文移、尺牘、屬稿及丹筆批答，多洪爲捉刀，而措語字畫，與公無異，人不能别。白首相莊無間語。子三人，夢緯、夢球、夢□。今夢球成進士，在史館。

【附】陳烈婦傳

烈婦姓陳氏，參軍陳永華季女，鄭經長子欽舍婦也。欽舍甫弱冠，剛毅果斷，遇事敢爲，經愛任之。先是，鄭經幼好漁色，多近中年婦人，民婦爲經諸弟乳母者，經皆通焉。有昭娘者，遂納爲妾，有寵。經妻唐氏無出，昭娘首生欽舍，當時流言昭娘假娠乞養，實屠者李某子，獨鄭經謂生時目，不之信，族人竊誹之。未幾，昭娘以衆嫉死矣。

逮耿逆變叛，鄭經統舟師渡海，駐泉郡，志圖內向，以欽舍守臺灣，號爲監國。監國居守裁決國事，賞罰功罪，一出至公，即諸父昆弟有過，不少假，由是宗族多怨之。及鄭經自廈門敗歸，視監國處分國事悉當，益信其賢，自是軍國事悉付裁決，與精兵三千人爲護軍，宗族益憚監國而含怨愈深矣。會經疾遽亡，未立後，家人方治含殮，經母董氏出坐幃中，傳集各官，聽讀遺命，立新主，逡巡未舉，經諸弟白董氏先收監國印，董氏命太監往取印，欽舍不與。時因訛傳監國率兵且至，衆倉惶不知所出，群妾有和娘者，即克塽母也，曰：「監國必無是，請往取之。」欽舍曰：「此印先君所授，軍國繫焉。向使一太監傳命，真僞莫據，何可輕付？和娘來，固當持去。」

遂隨和娘至喪次，再拜董氏前納印。董氏曰：「汝非鄭氏骨血，寧不知乎？」欽舍未及對，經諸弟群起撻之。欽舍笑曰：「撻我何足武？我平日不避嫌怨，守法不阿，亦爲鄭氏疆土耳。今日死生惟命，何撻爲？」董氏命置傍室中，不令出，經諸弟又遣烏鬼往縊之，烏鬼畏不敢前，欽舍知不能生，遂自縊死。

明日，立克塽爲嗣克塽小字秦舍，而移欽舍柩於門外別室。董氏謂烈婦曰：「汝參軍女也，參軍於國有大功，汝居宮中，當善視汝」。烈婦曰：「昔爲鄭氏婦，今屠兒婦矣，尚安居此？」柩既舉，烈婦扶柩出，人莫能阻。至喪所，晝夜哀啼不輟，路人聞之，莫不隕涕。其兄慰之曰：「汝娠未娩，蓋存孤以延夫後，不猶愈於死乎？」烈婦曰：「他人處常，妹所處者變也，縱生孤，孰能容之？有死而已。」絶粒七日不死，復雉經，與欽舍合葬郡治洲子尾海岸間。烈婦幼習文史，工書，知大體，實秉母教，亡年二十。

既葬，臺人士常見監國乘馬，呵殿往來，或時與烈婦並出，容服如生，導從甚盛，人以爲神云。

（二）番境補遺

深山廣遠，平地遼闊，土番種類繁多，不能盡悉，惟記所知者。

玉山在萬山中，其山獨高，無遠不見。巉巖峭削，白色如銀，遠望如太白積雪。四面攢峰環繞，可望不可即，皆言此山渾然美玉。番人既不知寶，外人又畏野番，莫敢向邇。每遇晴霽，在郡城望之，不啻天上白雲也。

銀山有礦，産銀。又有積鏹，皆大錠，不知何代所藏。曾有兩人常入取之，資用不竭。前臺厦道王公名效崇命家人挽牛車，隨兩人行，既至，見積鏹如山，恣取滿車，迷不能出，盡棄之，乃得歸。明日，更率多人，薙草開徑而入，步步標識，方謂歸途無復迷理，乃竟失故道，尋之累日，不達而返。自此兩人者亦不能復入矣。

哆囉滿産金，淘沙出之，與雲南瓜子金相似。番人鎔成條，藏巨甓中，客至，每開甓自炫，然不知所用。近歲始有攜至鷄籠、淡水易布者。

水沙廉雖在山中，實輸貢賦。其地四面高山，中爲大湖，湖中復起一山，番人聚居山上，非舟莫即。番社形勝無出其右。自柴里社轉小徑，過斗六門，崎嶇而入，阻大溪三重，水深險，無橋梁，老籐横跨溪上，往來從籐上行，外人至，輒股慄不敢前，番人見慣，不怖也。其番善織罽毯，染五色，狗毛雜樹皮爲之，陸離如錯錦，質亦細密，四方人多欲購之，常不可得。番婦亦白晰妍好，能勤稼穡，人皆饒裕。

斗尾龍岸番皆偉岸多力，既盡文身，復盡文面，窮奇極怪，狀同魔鬼。常出外焚掠殺人，土番聞其出，皆號哭遠避。鄭經親統三千衆往勦，既深入，不見一人。時亭午酷暑，將士皆渴，競取所植甘蔗啖之。劉國軒守半線，率數百人後至，見鄭經馬上啖蔗，大呼曰：「誰使主君至此？」令後軍速退。既而曰：「事急矣，退亦莫及。」令三軍速刈草爲營，亂動者斬。言未畢，四面火發，文面五六百人奮勇跳戰，互有殺傷，余皆竄匿深山，竟不能滅，僅毀其巢而歸。至今崩山、大甲、半線諸社，慮其出擾，猶甚患之。

阿蘭番近斗尾龍岸，狀貌亦相似。

□□亦野番，惟稍馴，雖居深山，常與外通。其出入之路，有山中阻，樹木深蔚，不見天日。山中積敗葉，厚數尺，陰溼浥爛。偏生水蛭，緣樹而上，處於葉間。人過，輒墜下如雨，落人頭項，盡入衣領。地上諸蛭，又緣脛附股而上，競吮人血，遍體皆滿，撲捉不暇。聞者膽慄肌粟，甚於談虎色變。曾有操火焚之之説者，奈南方冬暖，木葉不落，陰溼如故，火不能然。不知禹、益值此，更操何術，卒底平成？

葛雅藍近鷄籠。

會稽社人不能欺。

金包里是淡水小社，亦産硫。人性巧智。

臺灣多荒土未闢，草深五六尺，一望千里。草中多藏巨蛇，人不能見。鄭經率兵剿斗尾龍岸，三軍方疾馳，忽見草中巨蛇，口啣生鹿，以鹿角礙吻，不得入咽，大揚其首，吞吐再三。荷戈三千人行其旁，人不敢近，蛇亦不畏。余乘車行茂草中二十余日，恒有戒心，幸不相值。既至淡水，卧榻之後，終夜聞閣閣聲甚厲，識者謂是蛇鳴。而庖人嚴采夜出廬外，遇大蛇如甕。社商張大謂草中甚多，不足怪也。

鹿以角紀年，凡角一歧爲一年，猶馬之紀歲以齒也。番人世世射鹿爲生，未見七歧以上者。向謂鹿仙獸多壽，又謂五百歲而白，千歲而玄，特妄言耳。竹塹番射得小鹿，通體純白，角纔兩歧，要不過偶然毛色之異耳，書固未足盡信也。鹿生三歲始角，角生一歲解，猶人之毀齒也。解後再角，即終身不復解，每歲止增一歧耳。

牡鹿有角，善鳴。角以五月解，至八九月肥腯。鳴聲甚壯，爲求牝也。出則成群，以數十百計。角者居前，牝隨之。相傳鹿爲淫獸，所謂聚麀，未可得見。至十月則鳴聲漸殺，獵者不顧，以其淫極而瘠也。牝鹿以四月乳，未乳極肥。腹中胎鹿，皮毛鮮澤，文彩可愛。又牝鹿既乳，視小鹿長，則避之他山，慮小鹿之淫之也。獸之不亂倫者惟馬，牡馬誤烝則自死，牝鹿自遠以避烝，皆獸之具有人倫者。

熊之類不一，有豬熊、狗熊、馬熊、人熊之異，各肖其形。惟馬熊最大。而勇鷙獨推人熊，人立而走，捷於奔馬，其逐人無得脱者。余所見熊甚多，獨未見人熊。豬熊毛勁如鬣，又厚密，矢鏃不能入。蹄有利爪，能緣木升高，蹲於樹巔，或穴地而處。人以計取之，無生致者。腹中多脂，可啖。掌爲八珍之一，膾炙人口，然不易熟，庖人取其汁，烹他物爲羹，助其鮮美。一掌可供數十烹，若爲屠門之嚼，則貽笑知味者。

凡獸之膝皆後曲，惟熊與猴前曲，故能升木。象亦前曲。

山豬，蓋野彘也，兩耳與尾略小，毛鬣蒼色，稍別。大者如牛，巨牙出唇外，擊木可斷，力能拒虎，怒則以牙傷人，輒折脅穿腹。行疾如風，獵者不敢射。又有豪豬，別是一種，箭如蝟毛，行則有聲，雖能射人，不出尋丈外。

蕭朗，硬木名也。大者數圍，性極堅重，入土千年不朽。然在深山中，野番盤踞，人不能取。頃爲洪水漂出，鄭氏取以爲棺，實美材也。

烏木、紫檀、花梨、鐵栗諸木，皆産海南諸國。近於淡水山中，見有黑色樹，察其質，與烏木無異，人多不知。

（三）海上紀略

海吼

海吼俗稱海叫。小吼如擊花鞚鼓，點點作撒豆聲，乍遠乍近，若斷若連。臨流聽之，有成連鼓琴之致。大吼如萬馬奔騰，鉦鼓響震，三峽崩流，萬鼎共沸。惟錢塘八月怒潮，差可彷彿，觸耳駭愕。余嘗濡足海岸，俯瞰溟渤，而静渌淵渟，曾無波瀾，不知聲之何從出。然遠海雲氣已漸興，而風雨不旋踵至矣。海上人習聞不怪，曰：「是雨徵也。」若冬月吼，常不雨，多主風。

天妃神

海神惟馬祖最靈，即古天妃神也。凡海船危難，有禱必應，多有目睹神兵維持，或神親至救援者。靈異之跡，不可枚舉。洋中風雨晦暝，夜黑如墨，每於檣端現神燈示祐。又有船中忽出爝火，如燈光，升檣而滅者，舟師謂是馬祖火，去必遭覆敗，無不奇驗。船中例設馬祖棍，凡值大魚水怪欲近船，則以爲馬祖棍連擊船舷，即遁去。

相傳神爲莆邑湄州東螺村林氏女，自童時已具神異，常於夢中飛越海上，拯人於溺。至長不嫁。没後，屢昭靈顯，人爲立廟祀之，自前代已加封號。康熙二十三年六月，王師攻克澎湖，靖海侯施公烺屯兵天妃澳，入廟拜謁，見神衣半身沾溼，自對敵時恍見神兵導引，始悟戰勝實邀神助。又澳中水泉，僅供居民數百人飲。是日，駐師數萬，方以無水爲憂，而甘泉沸湧，汲之不竭。表上其異，奉詔加封天后。至今湄州林氏宗族婦人將赴田者，輒以其兒置廟中，曰：「姑好看兒。」遂去。去常終日，兒不啼不飢，亦不出閾。至暮婦歸，各認己子攜去，神猶親其宗人之子云。

木龍

凡海舶中必有一蛇，名曰木龍，自船成日即有之。平時曾不可見，亦不知所處。若見木龍，去則舟必敗。

水仙王

水仙王者，洋中之神，莫詳姓氏。或曰：「帝禹、伍相、三閭大夫，又逸其二。」帝禹平成水土，功在萬世。伍相浮鴟夷。屈子懷石自沉，宜爲水神，靈爽不泯。划水仙者，洋中危急不得近岸之所爲也。海舶在大洋中，不啻太虛一塵，渺無涯際，惟藉檣舵堅實，繩椗完固，庶幾乘波御風，乃有依賴。每遇颶風忽至，駭浪如山，舵折檣傾，繩斷底裂，技力不得施，智巧無所用，斯時惟有叩天求神，崩角稽首，以祈默宥而已，爰有水仙拯救之異。余於臺郡遣二舶赴鷄籠、淡水，大風折舵，舶復中裂，王君雲森居舟中，自分必死，舟師告曰：「惟有划水仙可免。」遂披髮與舟人共蹲舷間，以空手作撥櫂勢，而衆口假爲鉦鼓聲，如五日競渡狀，頃刻抵岸，衆喜倖生，水仙之力也。余初不之信，曰：「偶然耳，豈有徒手虛櫂而能抗海浪、逆颶風者乎。」顧君敷公曰：「有是哉。曩居臺灣，仕僞鄭，從澎湖歸，中流舟裂，業已半沉，衆謀共划水仙，舟復浮出，直入鹿耳門，有紅毛覆舟在焉，竟庋舟底。久之，有小舟來救，衆已獲拯，此舟乃沉。抑若有人暗中持之者，寧非鬼神之力乎？」迨八月初六日，有陳君一舶自省中來，半渡遭風，舟底已裂，水入艎中，鷁首欲俯，而舵又中折，輾轉巨浪中，死亡之勢，不可頃刻待。有言划水仙者，徒手一撥，沉者忽浮，破浪穿風，疾飛如矢。頃刻抵南嵌之白沙墩，衆皆登岸，得飯一盂，稽顙沙岸，神未嘗不歆也。陳君謂當時雖十帆並張，不足喻其疾，鬼神之靈，亦奇已哉！

糠洋、蕈洋

糠洋水面積糠粃半尺。蕈洋水面有物形如蕈，亦積半尺許，皆水沫所成，風濤鼓蕩，不淆不徙。自浙中往日本者必過之。

大昆崙

林道乾，明季海寇，哨聚在鄭芝龍、劉香老前。圖據閩粤不遂，又遍歷琉球、吕宋、暹羅、東京、交趾諸國，無隙可乘。因過大崑崙山名，在東京正南三十里，與暹羅海港相近，見其風景特異，欲留居之。其山最高且廣，四面平壤沃土，五穀俱備，不種自生，中國果木無不有，百卉爛熳，四時皆春，但苦空山無人。道乾率舟師登山結茅，自謂海外扶余，足以據土立國。奈龍出無時，風雨倏至，屋宇人民，多爲攝去。海舟又傾蕩不可泊，意其下必蛟龍窟宅，不可居，始棄去。復之大年國名，在暹羅西南，攻得之。今大年王是其裔也。臺灣有老人，經隨道乾至大崑崙者，尚得詳言之。前鄭成功以臺灣小隘，有卜居大崙崑之志，咨訪水程風景甚悉，會病亡，不果行。

琉球

琉球國在閩省正東，去中國最近。然最小弱，又最貧，商舶從無貿易琉球者，以其貧且陋也。某王於諸國悉朝貢，爲通貨貿易計。諸國鄙其貧弱，不萌侵奪之念，彼反得以貧弱自安。其於中國，率三歲一貢，所貢硫黄、皮紙而已。其所攜財貨，惟螺與蚌殼。螺可爲觱篥吹，即城頭曉角是，蚌殼斫之可以鑲帶。外此則有紙扇、煙筒，其製陋劣，傭兒所不顧。憶吾鄉俗語謂厭憎之物，輒曰「琉球貨」。陋劣不自今日始，古語已云然矣。

日本

日本即古倭夷，於海外爲莫强之國，恃强不通朝貢，且目中華爲小邦，彼則坐受諸國朝貢。夜郎自大，由來久矣。其國事一聽將軍主之，國君如贅疣，垂拱而已。故其國中搆兵，惟將軍是争，曾無有放弑其主者，以國柄非所操，簒弑無益，虚被惡名，用是得長守其國。余謂琉球貧弱，日本不聞國政，其開創之主，殆深得黄老之學者乎。又治尚酷刑，小過輒死。死有四等：其一灌水，水滿腹則遍撻其身，水散入肢體，又灌之，如此者三，如龐然大瓠，膨脹而死。其二懸腸，割人肛，繫巨竹梢，一縱而竹梢上騰，肢體倒懸，大腸盡出。甚者爲活燒，以罪人鎖繫杙上，圍繞乾柴，四面舉火，其人輾轉良久而死。又進於此爲倒懸殊，不即死，三數日後，頭脹如斗，五臟從口中出而死。皆非刑，較地獄羅鬼之慘尤甚。故其民皆畏法，有道不拾遺風。其先，西洋人覬覦其國，以天主教之言惑之，事露，悉被夷戮。今商舶至彼，必問有無天主教之人。又鑄天主像，令人足踐而登。若誤攜一人往，則以其船牽置岸上，盡納舟人於艎底焚之。自此西洋人無敢復至日本者。其與諸國通貿易處，曰長崎島。男女肉色最白，中國人至彼，暴露風日中，猶能轉黑爲白。雖使桓宣武黑王相公往，亦當改觀。婦人妍美白晰如玉人，中國人多有流連不歸者。今長崎有大唐街，皆中國人所居也。

紅夷

紅毛即荷蘭國，又曰紅夷，一名波斯胡，亦在西海外，實大西洋附庸也。性貪狡，能識寶器，善貨殖，重利輕生，貿易無遠不至。其船最大，用板兩層，斬而不削，製極堅厚。中國人目爲夾板船，其實圓木爲之，非板也。又多巧思，爲帆如蛛網盤旋，八面受風，無往不順。較之中國帆檣，不遇順風，則左右戧折戧讀鏘，去聲。因逆風從對面來，故作斜行，左右拗折，以趁風力之謂也。欹側傾險，迂迴不前之艱，不啻天壤。其在大洋中，恃舶大帆巧，常行劫盜。使數人坐檣巔，架千里鏡，四面審視，商舶雖在百里外，望見即轉舵逐之，無得脱者。常至日本貿易，日本倭知其爲盗，必使中國商舶先歸，計程已遠，然後遣之。余友顧君敷公能悉其理，謂彼帆雖巧，然巧於逆風，反拙於乘順。凡物之巧者，不能兼擅，理固然也。若與中國舟航並馳順風中，彼反後矣。故遇紅毛追襲，即當轉舵，隨風順行，可以脱禍，若仍行戧風，鮮不敗者。況彼船大如山，小舟既畏其壓，與戰又仰攻不便，安能與抗？彼既恃所長，於諸國舟航，一切易視。常屢侵交趾。交趾人創爲小舟，名曰軋音乞，船長僅三丈，舷出水面一尺，兩頭尖鋭，彷彿端陽競渡龍舟。以十四人操楫，飛行水面，欲退則返其櫂，變尾爲首，進退惟意，儼然遊龍。船中首尾各架紅衣巨砲，附水施放，攻其船底，底破即沉。雖有技巧，無所施設，於是大敗。至今紅毛船過廣南，見軋船出，即膽落而去。中國東南半壁皆大海，不無侵擾之虞，軋船之製，亦所宜講。往時鄭成功取臺灣，與紅毛陸戰，彼所長惟火器，機發即燃，不勞點焠，尺寸小物，力侔巨砲。外此，則攻戰之理皆謬。又足躡高底，不便疾行，多被殺傷，卧不能起。將卒前取其首，輒爲鳥砲所中，皆不敢近。復視其屍，蓋兩脛間皆縛小砲，以膝對人，其砲自發，猶以傷殘之軀，搏捖人命，可謂至死不僵者矣。又凡所居處下，必藏火藥，事急，輒發其機，屋與人皆爲飛灰，志不受戮辱。舟底亦然，急則自燬，帆檣之巧，終不示人。故諸國罕能傚其製者。

前有紅毛船，遭風誤過半綫洋，遇淺船膠，彼知無復去理，乃以布帆圍蔽其舟，即於舟中另造小船，三日而成。鄭氏視爲釜魚，方集戰艦攻之，彼悉登小船，揚帆而去。良久，機發，大船自毁，人服其警。又舟中百物俱備，造作小船需用物料，不假外求，嘆不可及。

西洋國

西洋國在西海外，去中國極遠。其人坳目隆準，狀類紅毛。然最多心計，又具堅忍之志。析理務極精微，推測象緯歷數，下逮器用小物，莫不盡其奇奧，用心之深，將奪造化之秘，欲後天地而不朽。苟有所爲，則静坐默想，父死不遂，子孫繼之，一世不成，十世爲之。既窮其妙，必使國人共習而守之，務爲人所難爲。其先世多有慧人，入中國竊得六書之學。又有利馬豆者，能過目成誦，終身不忘。明季來中國，三年偏交海内文士，於中國書無所不讀，多市典籍，歸教其國人，悉通文義。創爲七克等書，所言雖孝悌慈讓，其實似是而非，又雜載彼國事實，以濟其天主教之邪説，誘人入其教中。中國人士被惑，多皈其教者。今各省郡、縣、衛、所皆有天主堂，扃閉甚密，外人曾不得窺見所有，不耕不織，所用自饒。皆以誘人入教爲務，謂之化人。彼國多産白金。自明時已竊處粤之香山澳，雖納貢賦，而醜類實據我邊陲矣。又歲運白金鉅萬至香山澳，轉送各省郡邑天主堂，資其所用。京師天主堂屋宇宏麗，穡垣周複。又製爲風琴、自鳴鐘、刻漏、渾天儀諸器，皆神鏤鬼斧，巧奪天工，爲費不可量，窮年積歲，製造不輟，不藉中國一錢。余謂紅毛密邇西洋，自是同類，英圭黎、咬𠺕叭皆西洋小國，宜爲兼並，不足深怪。獨怪吕宋在東海外，遠過中國萬里，亦爲所踞，此其心寧有厭足乎？閩人多有逐利吕宋者，謂紅毛政令，一如西洋之法，分吕宋地爲二十四郡，有西洋化人共操其柄。禁民不得晝作，必使晝寢夜興。又寢室不容閉户，夫婦共寢榻上，邏者時時繞榻前偵視。有女及笄，父母不得主婚配，必候巴黎按選稱僧曰巴黎。其稍有姿者，率爲巴黎所留。色衰放歸，始令擇配。父母死，人子不得殮埋，巴黎假度亡之説，舁諸萬人坑中。積久，坑溢，揚灰棄之。民人有資，歲與中分，四歲之後，十不存一矣。其禁晝作者，防民之叛也；歲中分其資者，務貧其民，使不得爲所欲爲也。死者不令瘞埋，恐山川毓靈，復生英傑與争國也。用意設想，皆在人情之外。夫秦王焚書坑儒，禁偶語，徙豪傑，以弱天下之民，欲令子孫自一世、二世以至萬世，長有天下，雖同此心，未至若是酷。假令此輩得志，其禍尚忍言哉？人情莫不戀故鄉而安本俗，若棄父母，捐家室，而反爲利者，已非人情矣。計中國郡、邑、衛、所，天主堂何止千余百區，而居堂中醜類，不下數萬人，皆捐其父母妻子遠來，必有所爲矣。爲名乎？爲利乎？爲遊中華之名山大川，觀中華之禮樂政教乎？其國君歲驅其民於中國，又歲捐金錢鉅萬資給之，曾無厭倦，果爲朝會納貢來乎？抑歲歲饑饉，移民以就食於中國乎？既無一於此，殆復何求？其有欲存焉，不待智者然後知也。而堂堂中國，曾無人能破其奸，已爲醜類齒冷。脱有不信余言者，試問日本何以禁絶醜類，不令蹈其境乎？今而後尚有從其教而褒揚之者，請以巴黎選女之事告之。

日本在中國正東。自南言之，去中國甚遠，由寧波渡海，水程三十五更。北接朝鮮，朝鮮去遼陽密邇，既渡鴨緑，便可馳驛而往，與中國在斷續間，謂之連屬亦可。臺灣南北三千里，東西三百里，去厦門水程十一更。中有澎湖爲泊宿地，處東南四達之海，東西南北，惟意之適，實海疆要地也。

（四）宇内形勢

天宇外涵大地，虛懸於中，古以卵爲喻，似近之矣。海水附隸於地，而包山川原隰者，又海也。其中四夷八荒，各占一區，如盆盎中貯水石然。鄒衍論天地之大，如中國赤縣神州，禹之所序者纔八十一分之一，外此尚有九州。凡一州各有裨海環之，人民禽獸，莫能相通。如此者九，又有大瀛海環其外。語近不經。然吾人所居，自謂中華大國，未免見大言大，不知大本無據，然中亦未然。夫天地之體，既皆圓矣，人處宇內，頭載天而足履地，何莫非中？若必求天地之中，則惟北極天樞之下，此處如輪之轂，如磨之臍，如人身之心，庶幾足以當之。然天樞之下，實在朔漠以北，去禹跡甚遠。

中國一區道里雖廣，若以天樞揆之，其實偏在東南，而東南半壁，又皆海也。自遼陽爲中國東北極際，緣海而南，爲天津。次山東之登、萊、青三郡，有沙門等五島，與遼陽、朝鮮相望，一帆可即。次膠州。次江北安東縣，黃河之水，由此入海。次狼山，揚子出焉。次崇明、上海，爲吴淞、三泖、震澤諸水所歸。次浙西之柘浦、海鹽。次錢塘。次寧波府，有舟山，廣八百里，今爲定海縣，又有普陀巖，觀世音之香刹在焉。次臺、温。次沙城，爲浙閩之交。過此爲福寧州；次閩安鎮，是閩省門户。次興、泉、漳三郡，泉、漳間有金、厦門二山，各廣數百里，商舶通外洋諸國者，悉由厦門出入。漳與粤之潮郡接壤，自遼陽至此，中國東面已盡。地勢緣海轉西，故粤有海角亭，實大地之東南隅也。此處海中有山曰南澳，南澳以西爲廣州之香山澳，爲厓門。次惠州。次高州，高州海外有碙洲。次雷州，雷州渡海爲瓊州。雷之西爲廉州，自潮郡至廉約五千餘里，皆南面臨海，海至廉州而止。廉之西爲粤西省，更西爲貴州省，又更西爲雲南省。雲南者，中國之西南隅也。然粤西、雲南之南，不盡於海，而盡於山。崇山複嶂，猓猓、苗夷所居。又有緬甸國，皆瘴癘害人，人不能入。此山迤邐而南，爲交阯、占城、暹羅諸國。

自瓊崖間渡海港而南，水程七更抵東京國名，本交趾也；明時，黎氏爲外家所據，遂另爲一國。東京又渡海港十二更，抵安南。安南，即古交趾國。東京、安南兩海港，自港口横渡雖甚廣，漸西漸隘，而海亦止，蓋海之支汊也。故東京、交趾山川，實與粤西連屬不斷。漢伏波將軍征交趾，立銅柱，不以海爲限，而以分茅嶺爲限，則接壤可知。交趾之南曰柬埔寨，曰暹羅，暹羅轉西曰六崑，曰大年，曰柔佛，曰麻六甲。凡六國，皆與中國連。中國以其鄙遠，棄而不收。麻六甲爲西面盡處，惟北連中國，餘三面皆海。凡海舶由厦門直指南離，至東京水程七十更，安南七十二更，暹羅一百八十更。漸轉而西，歷六崑、大年，又轉北過柔佛，始抵麻六甲，水程二百更。至此約已轉出雲南、緬甸後矣。雖曰海道，皆依山而行，實未嘗渡海也。

自麻六甲渡海，斜指西北四十更爲咬嚁叭音葛臘八，始渡西海。咬嚁叭西北爲啞齊，産黄金，鑿石取之，其形正方，不假鎔煉。其主無嗣，以女繼統，今猶是女王。啞齊之外，中國舟航不能往。相傳尚有英圭黎即英雞立，産哆羅呢、嗶嘰、西洋布、嘉紋席、玻璃器皿，與咬嚁叭等，而皆優於咬嚁叭、荷蘭即紅毛、大西洋等國，皆在西海外，莫可究詰。止就咬嚁叭言，其山最大又最遠，自咬嚁叭綿亘而南爲萬丹，又極南萬里爲馬神皆産胡椒、蘇木、沉速、珈南諸香。自馬神轉東，迤北爲文萊一無所産，極貧極陋，爲蘇禄産大珠，有重三五錢者，然少光澤，中國人名爲淺水珠，爲吕蒙山。至此，又在中國極東海外萬里矣。又轉北爲文武樓山，以迄吕宋。海舶欲至馬神者，仍行安南水道，既至咬嚁叭，依山而南，過萬丹，達馬神，水程四百六十更。非故迂其途也，以南海水道未諳，不敢渡耳。往吕宋者，由厦門渡澎湖，循臺灣南沙馬磯，斜指東南巽方，經謝昆尾山、大小覆釜山，繞出東北，計水程七十二更。往蘇禄者，從覆釜直指正南，水程一百四十更。計自咬嚁叭從西北海中至極南，又轉極東，再回東北，迄於吕宋，連山不斷，蜿蜒數萬里，較中國遼陽至雲南海道，遠過倍蓰。惜其割裂分據，不能統一，而城郭人民，又無幾也。

日本者，古倭夷國，在中國正東。自其南言之，去中國甚遠，由寧波渡海，水程三十五更。北接朝鮮，朝鮮去遼陽密邇，既渡鴨緑，便可馳驛而往，與中國在斷續間，雖謂之連屬亦可。

臺灣蕞爾拳石，南北三千里，東西三百里，去厦門水程十一更。中間又有澎湖爲泊宿地，所處在東南五達之海，東西南北，惟意之適，實海上諸國必争之地也。

以上諸國，皆有商舶往來貿易，其山川、道里、風景、人物、土産，皆得悉知之。惟荷蘭、大西洋遠在西海外，相傳有黑洋，晝夜如墨，人不能往，商舶不過至咬嚼吧而止。咬嚼吧本非荷蘭，特爲紅毛所占，設官守土，不知者因目爲紅毛。英圭黎亦然。荷蘭人鷙悍狡獪，大西洋又甚焉。近歲吕宋亦爲紅毛所據，分其爲二十四郡，紅毛與西洋人雜治之。故荷蘭者，大西洋之附庸也。

琉球在東海日本之南，吕宋之北，去中國不遠。以其貧甚，故商賈蹙額視之，相戒不往。

以余所知諸國略爲説，俾覽者知其形勢，以驗盆中水石之喻而已。若夫騶子終始大聖之篇，所謂大瀛海者，渺不可稽，存而不論可也。

雞籠山下入湍流，奔騰迅駛凡若干日，抵一山，得暫泊。此處有蛇妖噉人，雄黄可解。凡出海，勿論遠近，解毒諸藥食物等件，皆宜多備。

二、採硫日記跋

粤雅堂叢書本採硫日記跋

右採硫日記三卷，國朝仁和郁永河撰。按：是書見吴中吴翊鳳伊仲秘籍叢函鈔本，不著撰人名氏。而書中所載詩如「文身舊俗是雕青」一首，「胸背斕斑直到腰」一首，「莽葛原來是小舠」一首，「覆額齊肩繞亂莎」一首，六十七（字居魯，滿洲人，官吏科給事中）番社采風圖考録之，稱「仁和郁永河作」。又書中有「不若吾鄉瀲灔空濛處，簫鼓畫船，雨奇晴好，足繫人思」之語，殆西湖風景，亦知其爲仁和人矣，則定是書爲永河所撰，似無疑義云。永河，字履未詳，俟考。書爲採硫于役所紀，而於全臺山川夷險、形勢扼塞、番俗民情，紀之特詳，於末卷尤暢言焉，固明言俾留意當世者知之矣。實足與魯亮儕臺灣始末偶紀、藍鹿洲平臺紀略、沈子大治臺灣私議、趙雲松平定臺灣述略、謝退谷蛤仔難紀略同爲有用之書。所言殆如疊矩重規矣。又言欲化番人，必如唐韋皋、宋張詠之治蜀，久任數十年，不責旦暮之效。噫，豈獨爲臺灣一郡言哉。「莽葛」船名，蛤仔難紀略、番社采風圖考並作「艋舺」，音本同，而字各異耳。咸豐癸丑春盡日，南海伍崇曜跋。

昭代叢書本裨海紀遊跋

臺灣距閩海，千有餘里，從古不通中國，紀載闕如。我朝聲教遠敷，僞鄭投順，因遂郡縣其地，增八閩而九，甚盛事也。滄浪茲紀叙其山川、風物、政事、民風，無不歷歷如繪。後附宇内形勢一篇，海上紀略數則，亦復簡雅不支，蓋與海國聞見録雅相伯仲云。癸巳初夏吴江沈楙悳識。

三、裨海紀遊重刊弁言　方豪

民國三十八年春，我來臺灣，即對康熙三十六年來臺的郁永河所撰的裨海紀遊〔一〕，作全面的研究。包括蒐集這本書的各種抄本和刻本，搜求郁永河的事迹和載記，並根據不同版本，爲紀遊作合校本。三十九年十一月，合校本由臺灣省文獻委員會印行，列爲臺灣叢書第一種。我寫了一篇兩萬字的長序，內容分：

甲、本書撰人之研究。

乙、本書版本之研究。

丙、日人對本書的研究與重視。

丁、校勘本書的旨趣和方法。

時隔九年，臺灣銀行經濟研究室由於編印臺灣文獻叢刊，自當重刊本書。我向來主張「地方文獻愈流通愈好」，在這個原則下，臺灣銀行經濟研究室近年在這方面的努力，我是萬分贊成的。重刊裨海紀遊的消息，當然也是我所樂聞的。

九年來，我又陸續看到了一些有關於郁永河或裨海紀遊的記録，我也很想借此機會把它寫出來。

【校勘記】

〔一〕「六」，原爲九，誤。據採硫日記正文改。

（一）關於作者郁永河

我在合校本序言裏曾説過：「本書撰人曾經過一個時期的埋没。」當時我開列了以下五個引徵文獻：

甲、雍正十年渡海輿記（本書的又一版本）周於仁序：「惜作記者姓氏不傳，不得與此書共垂不朽，亦歉也。」

乙、道光年間達綸刻本裨海紀遊序：「郁君之爲人行事，無可稽考。」

丙、咸豐三年粵雅堂叢書本採硫日記（亦本書異名）伍崇曜跋：「是書見吴中吴翊鳳伊仲秘籍叢函鈔本，不著撰人名氏。」

丁、同上伍崇曜跋又云：「永河，字履未詳，俟考。」

戊、李慈銘越縵堂日記同治十二年五月二十九日記：「夜閲仁和郁永河採硫日記，永河字履無考。」

現在我可以再補充三種：

己、嘉慶年間，翟灝撰臺陽筆記印行，有吴錫麒序，歷舉有關臺灣之書，曰：

「臺灣自本朝康熙間始入版圖，又孤懸海外，詞人學士，涉歷者少。間有著爲書者，如季麒光臺灣紀略、徐懷祖臺灣隨筆，往往傳聞不實，簡略失詳。唯藍鹿洲太守平臺紀略、黄崑圃先生臺海使槎録，實皆親歷其地，故於山川、風土、民俗、物産言之爲可徵信。」

吴穀人先生列舉了四部有關臺灣的書，其中兩部，是他認爲作者「親歷其地」，所以「言之爲可徵信」。可是他卻不知有「親歷其地」的郁永河和郁氏的著作。這是一個消極的證據，證明郁氏和郁氏著作的被埋没。

庚、光緒八年，龔顯曾爲王凱泰臺灣雜詠作序，歷舉詠臺灣詩，曰：「臺灣紀巡百首爭傳（夏之芳著），社寮雜詩一卷成帙（吴廷華著），渡海輿記附臺郡番境之歌，赤嵌筆談録藍氏近詠之作（藍鼎元著）。」

這又是一個消極證據。龔氏共舉了四個名家的作品，三件有作者姓名，獨對渡海輿記付諸闕如，可見光緒八年（一八八二）龔顯曾所見的渡海輿記和雍正十年（一七三二）周於仁所見的渡海輿記，相去雖一百五十年，卻同樣的没有作者姓氏，也同樣的不知作者姓氏，這能不説是埋没嗎？

辛、民國十六年十一月，國立第一中山大學語言歷史學研究所週刊第一集第一期，有薛澄清著鄭成功歷史研究的發端説：「僞鄭逸事，清郁永河撰。永河何縣人，無可考。惟是書曾見録於重纂福建通志，是其爲福建人必也。卷數刻本，志亦未言，不知有否傳本。黄叔璥著臺海使槎録雖曾引用，但其所指，是否即爲是書，亦不可知也。姑志之以待考。」

薛澄清到民國十六年還不知郁永河是何許人，當然可以説他孤陋寡聞。但是薛君「知之爲知之，不知爲不知」的説法，如云「無可考」「待考」「不知有否傳本」「不可知也」，尚不失爲學者風度。只有判永河是福建人，未免武斷。但我們在可惜他的孤陋寡聞之餘，更不能不可惜郁永河本人和他的著作的被埋没。

（二）關於本書版本

九年前，我開出了以下二十個版本：

甲、雍正十年前，袁欹皇藏渡海輿記鈔本。未見。

乙、雍正十年，周於仁在福建將樂縣刻本渡海輿記，據袁欹皇藏本。未見。

丙、雍正十年，于傭州刻本渡海輿記，孫殿起販書偶記著録。未見。

丁、晚宜堂校本渡海輿記。未見。

戊、臺灣大學藏重裱鈔本渡海輿記。已見。

己、移川子之藏傳鈔本渡海輿記。未見。

庚、臺灣省立臺北圖書館藏市村榮傳鈔本渡海輿記。已見。

辛、道光十三年，沈楙悳跋昭代叢書本裨海紀遊。已見。

壬、道光十五年，棗花軒刊巾箱本稗海紀遊，販書偶記著録。未見。

癸、道光二十三年，舟車所至叢書採硫日記節本。已見。

子、道光達綸刻本裨海紀遊，爲屑玉叢譚本裨海紀遊所本。未見。

丑、吴翊鳳秘籍叢函鈔本採硫日記，不著撰人姓氏，爲粤雅堂叢書本採硫日記所本。未見。

寅、咸豐三年，伍崇曜跋粤雅堂叢書刻本採硫日記。已見。

卯、光緒五年，上海申報館倣聚珍版，蔡爾康跋屑玉叢譚本裨海紀遊，據達綸刻本，三十九年作合校本時未見，四十五年獲見。

辰、光緒十年至二十年之間王錫祺輯小方壺齋輿地叢鈔本裨海紀遊。已見。

巳、光緒二十七年，胡繩祖鈔本採硫日記。未見。

午、光緒三十四年諸田維光獲見小西藏胡繩祖鈔本，不知是否原本，抑或傳鈔本。未見。

未、民國十三年五月至十二月，臺南連雅堂先生主編臺灣詩薈月刊分期校刊稗海紀遊。已見。

申、伊能嘉矩臺灣叢書遺稿傳鈔胡繩祖鈔本。已見。

酉、民國二十四年，商務印書館發行叢書集成初編，有採硫日記，據粤雅堂叢書本排印。已見。

以上二十種版本，已見與未見者各十種，其中一種爲四十五年所見。未見的十種版本中，五種未見的渡海輿記，只有販書偶記著録的一種，或是異本，其他四種，當與臺灣大學藏鈔本無甚大異。棗花軒刊本稗海紀遊未見。達綸刻本裨海紀遊既爲屑玉叢譚本所本，秘籍叢函鈔本採硫日記既爲粤雅堂叢書本所本，小西藏本採硫日記即胡繩祖鈔本，而胡繩祖鈔本，僅在粤雅堂叢書本伍崇曜跋後加寫「光緒辛丑年歲次念七仲秋浙杭蓉伯胡繩祖書」等字，可見是謄鈔粤雅堂本。但因内容稍有不同，所以我曾揣測他作過「理校」。因此，見粤雅堂本雖不能説即等於見粤雅堂所本的秘籍叢函本，但相去或不太遠。而由粤雅堂本而來的胡鈔本以及小西藏本與伊能傳鈔本，或亦大致相同。所以我所未見的本子，固然都是我懸目以求的，但販書偶記所著録的渡海輿記刻本和道光十五年的棗花軒刊本稗海紀遊，當是我所最渴望的。

近年我又從民國二十八年四月出版的北京人文科學研究所藏書目録史部遊記類，見到裨海紀遊一卷，註明清郁永河撰，道光十五年刊本，和棗花軒刊本同年印行，想來就是棗花軒本。可是一作「裨」、一作「稗」，所以在未見原書之前，仍不能作硬性斷定。

在合校本序文中，我還記録臺灣史料集成中所收入的「臺北州大屯郡北投莊役場藏」節鈔本採礦資料和吕海寰舊藏鈔本採硫日記等五種。前者輾轉傳抄，且斷篇殘簡，不録亦可，後者聊爲存目而已。

此外，另有一版本名稗海紀遊略，也是我作合校本時所不知的。我未見原書，只見到清仁和羅以智所撰跋文。羅文載恬養齋文鈔，收入民國三十四年五月出版上海合眾圖書館叢書第一集。羅氏便是昭代叢書續編戊編裨海紀遊的删削者，這稗海紀遊略和昭代叢書本裨海紀遊是否相同，在未見原書前，我不敢斷定。「裨」作「稗」，合校本裏，我只舉出連雅堂臺灣詩薈重刊及伊能嘉矩校稿，但原書名作「稗」者尚有道光十五年棗花軒刊本（見販書偶記），近人謝國楨晚明史籍考稱有稗海遊記彙刊本。見於他書者，除這篇羅以智的跋文和方志外，雍正二年黃叔璥撰臺海使槎録有十餘處，乾隆十二年六十七著使署閒情卷二有一處，乾隆三十年朱仕玠小琉球漫志有兩處，嘉慶間李元春臺灣志略有三處（原書卷二兵燹，最晚爲嘉慶十四年）。道光十年鄧傳安蠡測彙鈔、同治十二年丁紹儀東瀛識略兩處，均作「稗」。值得提出，凡我直接間接看到的各版本的序跋題詞，曾輯成文獻彙鈔，附於合校本後。但羅以智跋文未收入，今補記於此。

跋稗海紀遊略

郁氏永河稗海紀遊略一卷，附僞鄭逸事番境補遺海上紀略暴風日期海上占晴雨，予從振綺堂汪氏假得稿本，録藏之。曾刊入昭代叢書續編戊編，删削有半，非足本。宇内形勢一則，其文更異。

永河字滄浪，仁和諸生，久客閩中，遍遊八閩。康熙三十六年丁丑春，會當事採硫黃於臺灣之雞籠、淡水。臺灣初隸版圖，在八閩東南，隔海千餘里。滄浪欣然與其役，因紀是編，備述山川形勢、物產土風、番民情狀，歷歷如繪。滄浪以斑白之年，不避險惡，且言「遊不險不奇，趣不惡不快」，其果好遊耶？抑欲擴聞見而張膽識耶？

所載鄭成功攻紅毛爲順治十八年四月事，按通志繫之十七年。然三藩紀事：十八年十二月荷蘭降，施靖海侯疏中亦稱十八年，則通志未可據。又載康熙二十二年七月克塽率其族屬朝京師。按洪氏海寇記：閏六月十一日，降表至軍前，舉國内附。七月十五日，繳印。八月十五日，迎官兵進港。十八日，自克塽以下，官民悉遵制髼髮。十一月十一日，齊到閩省，陸續進京。則非十月已朝京師。洪氏之記較詳。又載寧靖王朱術桂詩：「流離來海外，止賸幾莖髮。如今事異矣，祖宗應容納。」他書多作「流離避海外，總爲幾莖髮。而今事畢矣，不復采薇蕨」。則傳聞有所不同。所載風信，則不若澳門紀略爲詳。

滄浪所作竹枝詞及紀遊諸詩，編中兼載之。國朝杭郡詩續輯，吴仲雲方伯專屬黄薌泉丈爲搜採，丈久館於振綺堂，滄浪詩獨未之及，所謂失之眉睫者矣。

（三）關於臺海使槎録引文

臺海使槎録，黄叔璥撰，成稿於雍正二年，乾隆元年刊行。它的成書只晚於郁永河來臺二十七年。書中引用裨海紀遊番境補逸（不作遺）、僞鄭逸事的地方不少，並録有土番竹枝詞二十四首。以時代言，應該是可以作爲校勘用的第一個底本。而比使槎録晚出的臺灣方志，又往往從使槎録轉録裨海紀遊等郁永河著述中的文字。三十八年我來臺灣後，所作第一篇文字，是文獻創刊號上的康熙五十三年測繪臺灣地圖考，即已引用使槎録。但在作裨海紀遊合校本時，即因其删節過多，未列爲校勘底本之一。兹舉若干例，以見其删改之多：

使槎録卷一引第一節裨海紀遊，有一小段文字説：「余同王君仲千採硫，仲千登舟，余乘笨車。行十八日，至後坂社。」郁永河乘笨車就道，經過十八個社，花了十八天時間，纔到後坂社，原文在二千字以上。使槎録只代以「行十八日」四字，而又未註明節删。即以「乘笨車」之前的兩句而言，原文作「王君圖便安，卒登舟，挽之不可。余與顧君率平頭數輩，乘笨車就道」，二十六字被改成十六字。

使槎録所引四月二十四日郁永河到後坂社以後的文字，比較詳細，但亦多删改。兹將被删改情形録後：「甫下車（上三字删），王君敝衣跣足在焉。泣告（告字下加余字）曰：『舟碎身溺，幸復相見。』余驚問所以不死狀，曰（上九字删）：自初三日登舟，泊鹿耳門，候南風不得（上五字删）。十八日，有微風（上三字删），遂（遂改乃）行。行一日（上三字删），舵與帆不洽（改作舵帆不協），斜入黑水者再。船首自俯，欲入水底（上八字改作船首俯入水底），而巨浪又夾之（上六字删）。舟人大恐，向馬祖求庇，苦無港可泊，終夜彷徨（上十四字删）。十九日，猶如昨（上三字删），午後南風大至，行甚駛，喜謂天助（上四字删）。頃之，風厲甚，因舵劣，不任使，强持之（上九字删），舵牙折者三。風中蝴蝶千百，繞船（上二字删）飛舞，舟人以爲不祥，片刻，風稍緩，有黑色鳥數百集船上，驅之不去（上四字删）。舟人咸（咸字删）謂大凶，焚楮鏹祝之又（又字删）不去，至以手撫之，終不去，反呷呷向人，若相告語者（上五字删）。少間，風益甚，舟欲沉。向馬祖卜筊，求船安，不許。求免死，得吉。自棄舟中物三之一。至二更（上三十二字删），遥見小港，衆喜幸生（上四字删）。五鼓失椗（失椗改椗失），船無繫（上三字删），復出大洋。舟人困頓，各就寢（上七字删），以沙淺不能入，姑（姑字删）就港口下椗。浪擊舵折，鷁首又裂，知不可爲（上八字删），舟師告（告字删）曰：『惟有划水仙，求登岸免死耳！』划水仙者（上四字删），衆口齊作鉦鼓聲，人各挾一匕箸，虚作棹船勢，如午日競渡狀。凡洋中危急，不得近岸，則爲之（上十二字删）。船果近岸，拍浪即碎。王君與舟人皆入水，幸善泅（上十五字删），得不溺。」

余文儀所修臺灣府志，引裨海紀遊文亦極多。或和通行各本大體相同，僅稍有歧異，我曾以之爲合校本的底本之一。但也有和使槎録相同，而和其他版本絶不相同的地方，我也就不加理會而未説明，這是我的疏漏。例如使槎録卷一水程所引第一段文字，亦見於「余志」卷一附考，註語亦同。臺灣全志本「余志」，「行大海中五十里」，「五」字下奪「六」字，「鼓蕩」作「鼓盪」；又註語「鬪童」作「鬪重」。使槎録原文如下：「澹水登舟，半日即望見官塘山（原註：一作鬪童）。自官塘趨定海，行大海中五六十里，至五虎門。兩山對峙，勢甚雄險，爲閩省門户。門外風力鼓蕩，舟甚顛越。既入門，静渌淵渟，與門外迥别。更進爲城頭（原註：土音亭頭），十里之閩安鎮，數十里至南臺大橋。」以上只八十四字，但裨海紀遊原文，從十月初四日「登舟」起，到「同至大橋」止，凡五百九十五字。可見删改之多。

在我的合校本第二十五葉正面末二行，我曾提到「余志」和薛志亮續修臺灣縣志卷一地志海道所引上文，我亦録出了「余志」原文，但在我的合校本中，一直没有提到使槎録。我再説一遍，這是我的疏漏。但據我現在的比勘，我這一疏漏，對於合校本是無損的。從正面來説，使槎録出版雖早，引紀遊文雖多，但因删改太多，對於紀遊的校勘是没有甚麼補益的。

卷一海船，引裨海紀遊文，其删改情形如下：「余（删）獨坐舷際，時近初更，皎月未上（上八字删），水波不動，星光滿天，與波底明星相映。上下二天合成圓器，身處其中，遂覺宇宙皆空（以下删八十六字）。海上夜黑，不見一物，則擊水以視。一擊而（上三字删）水光飛濺如明珠十斛，傾撒水面（上四字删），晶光熒熒，良久始滅，亦奇觀矣。」此一節文字，原書長一百七十三字，竟被删去一百零二字。「海上夜黑，不見一物，則擊水以視」，本是永河朋友言君右陶的話，因被删略，竟成了永河自己的知識，那又何必一試？未删部分亦無補於校勘。

卷三物産亦有一則引文，但大加改竄，幾已完全失去真相。原文作：「又有巨木，裂土而出，兩葉始蘗，已大十圍，導人謂楠也。楠之始生，已具全體，歲久則堅，終不加大，蓋與竹筍同理。」使槎録改爲：「楠生深山中，裂土而出，全體悉具，蓋與竹筍相同。兩葉始蘗，已大十圍。歲久則堅，終不加大。」如此顛倒原文，横加改易，當不能作爲校勘的底本。

卷四録有郁永河竹枝詞，並無可資校勘之處。反之，原書每一首後，皆有注釋，使槎録只在馬祖廟前演劇一首中，稍加註語，但亦有删改。第八首「幹」字誤。

卷五番俗六考北路諸羅番一雜載，亦引二則：前段一百五十五字，原文自合校本十一葉反面第十行起，至十二葉正面三行止，共有二百十八字，計被删六十三字。未删部分，於校勘無補。而光緒刻本且誤「令其子弟」爲「今其子弟」。後段四十三字，原文在合校本二十一葉正面第七、八兩行，使槎録於引文之首多加「各社」二字。第二句删「蓋」字。皆與他本異，可見爲作者擅自增删。

同卷北路諸羅番三附載引一則，原文見合校本十二葉反面第一、二兩行。首句另加，餘同，於校勘無補。

卷六北路諸羅番八附載引一則，凡三百三十一字，原文在合校本十二葉反面第八行至十三葉第九行，共四百十二字，被删八十一字、改兩字。

同卷北路諸羅番九附載引一則，共二百二十九字，原文散見於合校本十三葉反面第五行至第八行，又十四葉正面第十一行至十三行，又十四葉反面第五行至第八行，完全成了一篇雜湊文字。

同卷北路諸羅番十附載引一則，原文在合校本十四葉反面第九行及以下，但删改甚多。「麻少翁、内北投……」以下，我曾説過「後半段不見於任何本」和「以下不見任何本」，很明顯的，是説我所引用的任何本。至於我之所以不用使槎録爲校勘底本，乃是因爲它對裨海紀遊删改太多，不足取信。我雖引余文儀所修府志，而仍以小字低二格排印，表示我並不承認那一段出自原文。至於「余志」實出使槎録，未加説明，這是我的疏漏。

卷八番俗雜記生番引一則，原文在合校本二十葉正面第四行起，第一句「諸羅鳳山番」五字係自加，第六行「血飲毛茹者」、第七行「無敢入其境者」，兩「者」字删，以下删一百零四字，然後再從第十行「客冬」云云起，至二十葉反面第三行「爲良民也」止，共二百零五字，被删五十六字。其中「使當事者」一句，使槎録與採硫日記刻本及胡繩祖鈔本，「使」皆作「有」。

同卷「熟番」條引一則，原文在合校本二十葉反面第三行起，至二十二葉第一行止。本節被删最多。計使槎録現存者只有二百四十二字，但全文長達一千三百零五字，除中間被删一大段八百四十七字外，其餘零零星星被删的亦有二百十八字，又自加二字。這樣一個本子實在不能作爲校勘的底本。

同卷「社商」條亦引一則，凡五百十八字，原文在合校本二十二葉正面第一行起，至二十三葉正面第七行止，多至一千一百二十字，可見被删節的多至六百零二字，被删節的多於被保留的。所以我們不能據這樣一個本子，作爲校勘底本。光緒刻本，「謀充夥長通事」句，「充」誤「長」。

同卷亦有土番竹枝詞，第十八首第二句「射得鹿來付社商」，「付」作「交」，但他本皆作「付」。又第二十首第一句「種秫秋來甫入場」，「甫」作「翦」，不見他本，似仍當以「甫」字爲是。

其他尚有若干則，註明出海上紀略。有實出裨海紀遊的，並不見於海上紀略。海上紀略則稱海上事略。又有註明出番境補逸的，「逸」通作「遺」。觀所引裨海紀遊，既被弄得體無完膚，其餘自没有一一列舉的必要。

（四）今本所據的底本

周憲文先生因我曾爲裨海紀遊作過一點研究，和我商討重印時的底本問題。他提出只印正文，不加校勘按語。我也贊成。一因如非合校本，自不必詳加説明。二因如此作法，便和省文獻會已出的拙著合校本，不相衝突。

但根據哪個版本爲底本呢？

我想現在我們所有的本子，當以渡海輿記爲最早，但這是節本，不能用。其次，道光年間的幾個本子，昭代叢書本亦有删節，最顯著的是詩句和竹枝詞多被略去，不能用。舟車所至叢書本，删改情形更壞，更不堪用。

可惜棗花軒刊本和北京人文科學研究所藏道光十五年刊本，現在無從獲得。達綸本亦刻於道光年間，較粤雅堂叢書本爲早，目前雖見不到原本，但屑玉叢譚本既據達綸本，且錯誤最少，所以我向周憲文先生提供意見，即以屑玉叢譚本爲底本，並以我的藏本供他翻印，仍由我參酌各本，爲之校勘，但不加説明。援連雅堂先生例，改僞鄭逸事爲鄭氏逸事。海上紀略末之宇内形勢，據他本另立一卷。渡海輿記乃裨海紀遊節本，有全本即不必有節本，且已見合校本，茲不收。

校書如掃落葉，屑玉叢譚本亦不免有誤，雖已校出數十處，但未能校出者恐仍不少。好古敏求人士，幸垂教焉。

一九五九年一月十五日方豪校畢謹識

四、臺灣通史流寓列傳（節選）　連横

郁永河，字滄浪，浙江仁和諸生也。性好遊，遍歷閩中山水。康熙三十五年冬，省中火藥局災，毀藥五十餘萬斤，典守負償。聞淡水有磺可煮藥，欲派吏往。而地尚未闢，險阻多，水土惡，鄭氏以流罪人，無敢至者。永河慨然請行。

三十六年春正月啟程，至厦門乘舟，二月抵郡。四月初七日北上，途經各番社。自斗六門以上皆荒蕪，森林蔽天，麋鹿成群。番亦馴良，不殺人。所至供糗糧，負矢

前驅，爲左右衛。蓋其時漢人鮮至，未肆侵略，番得無事，故無敵愾之心也。

既至淡水，命通事張大先赴北投築屋。五月初二日，率僕役乘舟而入。兩山夾峙，中闢一河，爲甘答門，則關渡也。水道甚隘，入門忽廣，如大湖，渺無涯涘。行十里許始至。而工夫、糧糈、鼎鑊自海道者亦來。

張大集番酋飲，告以採磺事，與約一筐易布七尺。番喜，各運磺至，命工煮之。產磺之處爲内北社，永河往探。入深林中，忽有大溪，水若沸，石作藍靛色，熱氣薰蒸，白煙縷縷，上升山麓，是爲磺穴，觸之或倒。已而工人多病痢，廚者亦病，至無人執爨，呻吟斗室。永河氣不餒，以船送歸。

顧毒蛇惡蚊，出没户牖，争噬人，且苦熱，新至者亦前後病。居無何，風雨驟至，屋毁，永河自持斧伐木以支。而山水暴發，不可居。急呼蟒甲，涉水行三四里，至巖下番人家。日暮，無所得食。乃脱衣與番易鷄，煮而啖之。水退，再集工人，築屋煮磺。遂竟其事。十月初七日，乃歸，至省復命。

永河居臺半載，著稗海紀遊番境補遺海上紀略，志臺灣者足取資焉。

五、郁永河紀念碑文　臺北市文獻委員會

郁永河，浙江仁和人，好遊歷，遍至閩中。康熙三十五（一六九六）年冬，福州府藥庫突遭回禄，燬硝磺五十餘萬斤。典守者負償責，多方搜購不獲，知臺灣淡水盛產硫磺，因地險阻，無敢至者，永河聞之，慨然請行。次年二月抵安平。四月初率工役北上，沿途荒蕪，罕見人跡。五月初由淡水港入，水道甚隘，過甘答門（今關渡門），忽有大湖，浩渺無際，又行十許里，至張大所築茅廬，乃藉此邀番集飲，以布易硫，命工煮煉。産硫處，即今雙溪口一帶峽谷。其時草莽未開，瘴癘肆虐，數月，工役十且病九，以舟送歸。秋七月，風雨大作，居所蕩然無存，永河不稍綏，水退，再治屋，增役繼續煉製，終竟其事。十月初返閩復命，鬚眉斑白矣，猶追記所歷，成裨海紀遊番境補遺海上紀略等書，爲治臺灣史之珍貴史料也。

臺北市文獻委員會立

一九八五年六月

參考文獻

郁永河：採硫日記，清咸豐三年（一八五三）南海伍氏刊本（粵雅堂叢書二編第一五集：一四一），臺灣「中央研究院」歷史語言研究所傅斯年圖書館。
郁永河：裨海紀遊，清道光十三年（一八三三）吴江沈氏世楷堂刊本（昭代叢書戊集續編：六二），臺灣「中央研究院」歷史語言研究所傅斯年圖書館。
郁永河：裨海紀遊，臺灣歷史文獻叢刊第四四種，南投：臺灣省文獻委員會，一九九六年。
邱秀堂：臺灣北部碑文集成，臺北：臺北市文獻委員會，一九八八年。
連横：臺灣通史，臺北：大通書局，一九八七年。

許俊雅：裨海紀遊校釋，臺北：臺灣編譯館，二〇〇九年六月初版。
黄叔璥：臺海使槎録，臺灣歷史文獻叢刊第四種，南投：臺灣省文獻委員會。
六十七：使署閒情，臺北：大通書局，一九八七年。
朱仕玠：小琉球漫志，臺北：臺灣銀行經濟研究室，一九五七年。
藍鼎元：平臺紀略，臺灣文獻叢刊第一四種，臺北：臺灣銀行經濟研究室，一九五八年。
尹章義：臺灣早期的開發與經營，臺北：聯經事業有限公司，一九七七年。
劉克襄：探險家在臺灣，臺北：自立晚報社文化出版部，一九八八年。
丁旭輝：論裨海紀遊的散文藝術，臺灣省圖書館館刊第一〇卷第一期，二〇〇四年三月。
方豪：郁永河及其裨海紀遊，大陸雜誌第一卷第六期，一九五〇年。
石奕龍：郁永河筆下的臺灣土著社會，福建師範大學學報第二期，一九九五年。
田啓文：清治時期臺灣遊宦散文的特色及其影響，東海中文學報第一七期，二〇〇五年。
韓同熙：郁永河和他的裨海紀遊，福建論壇第五期，一九八三年。

吳芳真：裨海紀遊之文學研究——以柳宗元遊記文學爲對照，臺灣成功大學碩士論文，二〇〇七年。

宋澤萊：評郁永河裨海紀遊——并論臺灣文學史上的傳奇時代，臺灣學研究通訊創刊號，二〇〇六年十月。

楊龢之譯注：遇見三百年前的臺灣——裨海紀遊，臺北：圓神出版社，二〇〇四年六月。

小琉球漫志

[清] 朱仕玠 撰

林春虹 點校

小琉球漫志目次

卷八　海東賸語（下）……二四四

卷九　海東月令……二五九

整理前言

本書凡十卷，朱仕玠（一七一二—一七七三）撰。仕玠字璧豐，一字碧峰，號筠園，福建建寧人。少時與弟仕琇讀書於所居溪西之松谷別業，同受詩於父，推類通達，克承家訓。三十歲以拔貢入太學，之後多次赴京师遊學，歷吴、楚、越、宋、齊、魯等地。詩才獲沈德潛、黄叔琳、方苞、王步青、張鵬翀等人的稱許，與弟仕琇分以詩、古文名於世。屢試場屋不遇，年踰五十，始以明經教諭德化；五十二歲，調任臺灣鳳山教諭。次年夏因母親去世而回建寧守制，期滿後出補尤溪縣學教諭，後擢升爲河南省彰德府内黄縣知縣，未及赴任去世。朱仕玠的臺灣任職時間雖然短暫，却收穫頗多，他將赴臺途中經歷及在臺聞見以及郡邑志所載山川風土、昆蟲草木與大陸相異者詳予記述，間以五、七言宣諸謳詠，因臺灣鳳山西南海中有小琉球嶼，故名小琉球漫志。全書計六編，曰泛海紀程，曰海東紀勝，曰瀛涯漁唱，曰海東賸語，曰海東月令，曰下淡水社寄語。共成十卷。

朱仕玠出於楊林朱氏，先祖曾居於江南當塗縣寶塔佘，明永樂間先祖以江南軍戍建寧，遂置家縣南二十五里，即楊林。楊林朱氏本戍籍，傳三世改民籍，九世至曾祖父處士公。處士公名朱國漢，深儒術，行賈齊楚燕趙，以詩稱。祖父元履公朱家端，無兄弟，温惠善下，先處士公十年不仕而卒，生三男：長曰霞，次曰伯起，季曰霦。父伯父朱霞，字天錦，號曲盧，例貢生；孝友好禮，喜四方名士來聚，博學工詩文。父朱霦，字雨蒼，自號韜真子，生而沉偉，有大度，好語忠孝，二十二歲中康熙壬午科福建鄉試武舉。母李氏，建寧西鄉人。兄弟四人，仕玠排行第三。朱氏乃楊林大族，不乏經商成功者，經濟殷實，族中子弟多能讀書求學。仕玠從小接受良好教育，通經史百氏之書，擅長作詩，常與當地詩人好友唱和往來，流連山谷之間。在四兄弟中，仕玠與弟弟仕琇相得最深。近代人陳衍認爲朱仕琇的古文是福建千百年來首屈一指，其次是高澍然，再次是王慎中。在仕琇牽引下，仕玠得以與當時文學名流相友好，李中簡、林明倫、魯九皋等仕琇同年或門人皆曾爲其詩文稿作序，其調任臺灣鳳山亦得益於仕琇好友朱珪之所薦。因始終未能科舉及第，其名望與影響在當時則不如其弟朱仕琇。由於特殊的歷史因素，朱仕玠遺留下來有關臺灣的著作小琉球漫志反而使其地位在今天得到凸顯。

朱仕玠的生活年代主要是雍正、乾隆時期，其出生時清政府已收回臺灣三十年，並已設置臺灣府及臺灣、鳳山、諸羅三個縣，歸福建省管轄。朱仕玠在朋友朱珪的幫助及勸導下，最終決定入臺任鳳山縣學教諭，而這一趟短暫的臺灣之行則成就了小琉球漫志的傳世。這本書既是一部關於臺灣風物與名勝之札記，又夾雜了不少吟咏臺灣風物之詩篇。作者不僅對道途所經、勝跡所垂詳加記録，而且將内在豐富情感一並宣洩於長篇詩作中，其詩歌創作才華得到充分發揮。這種不拘文體、韻散相間的創作風格，可以説綜合了前人臺灣史志作品與涉臺詩歌作品的不同創作風格。其札記部分提及臺灣史志書籍頗多，可見朱仕玠並非隨意漫記，而是在參閱大量前人史書記載的前提下實地考察、認真記録。如途經澎湖，朱仕玠記曰：「澎湖舊隸晋江縣，臺灣紀略以爲屬同安縣，考諸府志，以屬晋江縣爲允。」（小琉球漫志泛海紀程）對於臺灣的各種風俗，朱仕玠往往與大陸風俗相比較，指出其同異之處。臺灣與福建的地緣關係頗近，與閩南的關係更近，明末曾有大量閩南人移民臺灣，因而許多臺灣人通閩南方言。朱仕玠出生於閩西内陸地區，也在閩南地區任職過，對臺地「風俗飲食器用，同於漳、泉」並不詫異，但他也發現在物産、時令及語言等方面，臺灣異於福建之處頗多。這引起他極大好奇心，他曾多次主動以求訪或邀請當地居民的方式，獲取各類信息。如該書最後一章記録了鳳山縣下淡水社的方言，就是他請求下淡水社一個能説閩南話的本地人翻譯而成的。正因這種認真求索的精神，朱仕玠的臺灣實録成爲人們了解臺灣的第一手資料。

小琉球漫志成書於乾隆三十年，而撰寫時間則在乾隆二十八年至乾隆二十九年，這個時期正處於福建各府縣修纂方志的高潮期，朱仕玠家族中就有不少文人參與地方志的編訂，家資豐饒的則積極捐助方志出版。如乾隆建寧縣志的出版曾得到朱仕玠家族的多人捐資，仕玠的兩位兄長還參與了其編寫過程中的采訪工作。康、乾時期同樣是臺灣府縣志的編纂高峰期，以閩人爲主體的赴臺學官，對於臺灣的關注、考察與記録，大多僅僅是一種文人雅興，而非如高級官員帶着修纂臺灣史志的政治任務。深受經典文化熏陶的大陸文人，從小爲科舉、仕途所困擾，一旦遇接臺灣荒莽的自然景物、花草蟲魚、山川河流等構築而成的移民世界，在驚喜之餘，形之於詩文，爲其古老的創作形式注入了全新的生命力。連横在其臺灣詩乘中曰：「臺灣官學之設，始於鄭氏永曆二十年，建聖廟，創太學，以勇衛陳永華爲學院、葉亨爲國子助教。各社皆設義學，聘中土之士以教子弟。一時禮讓彬彬，文風崛起。歸清以後，改設府學，縣有縣學。爲學官者，頗有博雅之儒，若謝退谷、鄭六亭二公，且以文章經濟有名於時。其以詩鳴者，如朱筠園、吴素村、劉芑州、周莘仲各有集，采入詩乘。而吉光片羽，流落人間，當亦不少。」連横提到的朱筠園即朱仕玠。仕玠本擅長作詩，却又長期爲場屋所困，在山水詩韻與八股制義之間痛苦徘徊，一旦遠渡海島，其心情得到完全放鬆，得以有大量時間邊看邊記，邊記邊咏。小琉球漫志的成書證明其對「紀載之文」的「兼之而得其長」，正如徐時作在序中所言：「志中古今體諸詩，原本風騷，而紀載奇跡，考訂錯誤，文亦詳明而有法。」作爲詩人，他常常以詩歌吟咏的方式，使沿途所記地理與人文帶上了文學色彩；作爲博學的文人，他又能結合歷史文獻以記述地方風物、特産，實現了考據與辭章的相融合。如記載從小擔嶼放洋時，先對船舶陳設作了文字説明，後面則補充了一首詩小擔嶼放洋。前面的文字記録十分詳細，對所乘船舶的尺寸、造型，船内置有羅盤、子午針，艙内供有海神像，以及各船員的類别、分工等等，都一一記述。後面的詩作則抒發了其渡海時的心情，表達了對大海波瀾壯闊之氣勢的感嘆。小琉球漫志最核心的内容自然是對臺灣風土、習俗等的記載與歌詠。臺灣遠處海東，物産豐富，四季常青，瓜果不斷，奇觀奇景構築的世界，給人以遨遊奇景、獵奇觀異的滿足。偏居一隅之奇景與懷才不遇之士人的遇合，往往會讓人産生心靈共鳴和山水知音之感。魯仕驥小琉球漫志序曰：「自古賢人才士，蘊其奇不得施設，天每縱其跡於四方，俾其氣有所洩，而其術業益以大且富。」接着他列舉荀卿四處遊學著書、司馬遷周行天下而後成史記及韓愈、柳宗元、蘇東坡被貶謫而成大家等例子，説明朱仕玠「今乃得洩其奇於此書」，在一系列「發憤而作」的文學統緒中，魯仕驥爲小琉球漫志的文學價值作了定位。

除了上述的歷史與文學價值之外，小琉球漫志還具有普通史志作品所不具有的超前見識及開放視野。無論是途經厦門，作者對厦門海上貿易盛況的描述，還是深入臺地，對海峽兩岸乃至東南亞海洋商貿的了解，作者都意識到沿海邊陲雖地處偏險，却在經濟上占據着舉足輕重的地位，臺灣在海外交通貿易中的優越地理位置也是不言而喻的。作者認爲，朝廷放鬆海禁，不僅能使邊疆海隅的經濟充滿活力，使人民豐衣足食，而且能使王道遠播，建立與周邊鄰國的友好關係。朱仕玠長期生活於閩西山區，却對海外貿易經濟大爲贊賞，這種開放意識是值得肯定的。此書尤爲難得的是保留了今已失傳的一些海外記載。據陳佳榮先生在陳洪照吧遊紀略——清初記述爪哇的另一要籍一文中介紹，福建德化陳洪照著有吧遊紀略一書，是清初中國人關於印度尼西亞爪哇島的遊記作品。但該書已經難覓踪影，其内容僅能在小琉球漫志中見到若干。朱仕玠入臺之前的職位就是德化縣學教諭，他在小琉球漫志中説道：「予在德化時，有諸生陳洪照者，博學善屬文，以貧寠曾附海舶，客咬嚁吧五閲月，著吧遊紀略一書，所載海道，甚爲詳悉，附録於後。」朱仕玠大量引録有關爪哇的記載，一方面是因爲賞識陳洪照的才華與文采，但更重要的是臺灣和爪哇都曾受荷蘭的管治，在社會、政治、經濟狀況等方面均有類似之處。作者在不經意之中的記録，却爲後人留下了寶貴的資料，這正是此書的無窮價值之所在。

现今搜録最齊全最權威的臺灣史料叢書臺灣文獻叢刊所收的第三種文獻就是朱仕玠的小琉球漫志，此叢刊並未説明其版本來源，但正文前有魯仕驥之序，與臺灣省圖書館所藏抄本（以下簡稱臺灣藏本）一致，應是據臺灣藏本而排印。中國方志叢書臺灣地區亦收入小琉球漫志，首頁注明爲影印臺灣藏本。中國國家圖書館中華古籍資源庫記載哥倫比亞大學圖書館藏有乾隆三十一年（一七六六）刻本小琉球漫志，封面鎸「松谷藏版」，目録前有魯仕驥序，與臺灣藏本一致。目前所見的原刻本則是早稲田大學圖書館藏本，前有徐時作於乾隆三十一年正月所作序文及朱仕玠於乾隆三十年所作自序，但未有哥倫比亞大學圖書館藏本及臺灣藏本所收的魯仕驥於乾隆三十一年冬月所作序文。可見早稻田大學圖書館藏本約刻於乾隆三十一年，應比其他藏本更早，爲最初的刻本。經比較，這些刻本與抄本皆屬同一系列，差別僅在於早稻田大學圖書館藏本無魯序，其餘則有。早稻田大學藏本共兩册，半頁十行，每行十九字，上册首頁右上角鈐有兩個朱文方印，爲「真州吴氏有福讀書堂藏書」與「早稻田大學圖書」，上册卷一右下角又有「西辛經窗王氏藏書」之印章。吴氏印略小，旁邊注「二本一函七角」，這就是江蘇儀征（即真州）籍居揚州的著名藏書家測海樓主人吴引孫的藏書印。吴引孫藏書於一九三一年售於北平富晋書社，書内所謂「西辛經窗王氏藏書」印是否爲王富晋藏書印，待考證。今測海樓藏書一部分在北京圖書館，一部分在臺灣，另有一部分已流出海外，如美國國會圖書館有部分藏書，而小琉球漫志則流落到了日本，現藏於早稻田大學圖書館。據連横在一九二一年編定的臺灣詩乘中所言，小琉球漫志「尚無刻本」，由此又知，該本雖曾刊刻，但刻本數量不多，流行於各地的主要是傳抄本，因而連横未能見到刻本。早稻田大學藏本已在中國影印出版，即被收入傳世漢文琉球文獻輯稿第二九册（鷺江出版社，二〇一二年）。

在小琉球漫志之外，朱仕玠著述出版的多爲詩稿，目前存世所見者有筠園稿三卷、筠園删稿三卷、谿音十卷，被收録於清代詩文集彙編第三一七册。而谿音又見於四庫未收書輯刊第一〇輯第二〇册，卷首比清代詩文集彙編所收谿音多了沈德潛之序。按地方志所載，朱仕玠還著有和陶三卷、和紅蕉山房詩録一卷、鴻雁集一卷、水竹居賦鈔一卷、音別四卷、龍山漫録二十卷，編有濉溪四家詩鈔等作品。其中，和陶單行本雖未見，但魯山木先生文集收有朱筠園先生和陶詩序，谿音卷三亦載有效陶彭澤四十三首；和紅蕉山房詩録的部分自序見於民國建寧縣志；水竹居賦鈔則有寧人望的部分序言，亦載於民國建寧縣志；濉溪四家詩鈔八卷本見藏於福建師範大學圖書館。此外，梅崖居士文集收有筠園制義序一文，可知朱仕玠亦曾集制義文而梓之（詳年譜各條目）。

本書以早稻田大學圖書館藏乾隆年間刊寫刻本小琉球漫志爲底本，以中國方志叢書臺灣地區影印臺灣省圖書館藏抄本小琉球漫志爲參校本，並參考臺灣文獻叢刊第三種小琉球漫志排印本。底本與參校本屬同一系列。附録部分是點校者整理或編寫的小琉球漫志序跋，朱仕玠詩文輯佚，朱仕玠志傳、墓志銘、年譜簡編等。在點校整理過程中，得到陳慶元先生、左東嶺先生、劉躍進先生等恩師的悉心指導。在此，一併表示衷心感謝。點校與整理工作難免存在不當與不足之處，敬請專家批評指正。

卷一　泛海紀程

乾隆癸未歲，予自德化縣學教諭調任臺灣府鳳山縣學。三月十五日壬申，卸德化學事，請假旋里，四月初八日乙未抵家。十九日丙午，由家至榕城，二十六日癸丑抵榕城。五月初十日丙寅，榕城曉發。

榕城曉發詩云：

垂暮冒微秩，學舍如小舟。府檄猝焉下，量移外海陬。根荄慚植薄，奚足供薪槱。深荷栽培意，不遺葑菲求。有母嘆篤老，未敢身遠投。且虞靈胥捐，遽與蛟蜃儔。再三辭不獲，乞假旋舊邱。四載闊奉侍予庚辰歲抵德化學署，至癸未歲離家四載，筋力欣尚遒。顧念春秋積，難令百歲留。况將蹈不測，微軀惛自謀。存没兩無定，肝腸紛細抽。鬖髿垂項雪，未審繼見不？别淚强抑制，恐貽白髪憂。馳驅抵會城，倉卒發行軿。七日距鷺門，兩郡經置郵道經興化、泉州二府。更欲泛溟漲，遠盡天東頭。定更驗塗程海道以更爲定，濤浪荒咨諏。嘒星尚磊落，行子逝悠悠。

下午渡烏龍江。烏龍江即陽崎江，其水匯於馬頭江入海。元鄭潛置舟立義田，鄉人號鄭公渡，立碑吴海爲記。晚宿方口。

渡烏龍江詩云：

在昔羇厦南，沿洄飽經由。偶值風濤作，便恐隨膠舟。百年判須臾，失足那可求。兹將泛滄海，想像大塊浮。烏兔相跳擲，局若籠内囚。回頭瞻禹甸，稊米分九州。四瀆荒計較，矧此溝澮流。不覺赧然笑，扣舷成歌謳。頽陽薄桑榆，饑鴉啼汀洲。輟棹問前塗，聊爲永夜謀。

十一日丁卯，次漁溪。十二日戊辰，阻雨，仍宿漁溪。十三日己巳午，至江口橋，爲福州、興化二府南北盡界。橋下通海流，遥山青蒼，波濤減汩，午潮乍作，海漁舟回，腥風貫鼻。有城寬数里，海鱟輻輳。下午抵涵江。江瑶柱出自涵江，形如三四寸扁牛角，上鋭下平，雙甲薄而脆。柱生雙甲中腰，巨如古錢，味爽而甘，其餘肉則類大蚌。閩小紀論閩中海錯，以江瑶柱、西施舌、蠣房三物，準以畫家三品，江瑶柱爲逸品。夜宿興化府。興化背太平山而城，以壺公爲案，兩山皆峭拔。登城北山望東南，大海浮空，檣帆皆見。自涵江至興化，沃野約数十里。仙遊之水，經府城下至涵江入海。土人於出口處絫石爲橋，障以木板，以資灌溉。溝渠四達，小船往來，延緣稻畦村落，風景絶類吴越。

涵江詩云：

髣髴越中路，溝渠進小艭。渚花輕拂櫂，沙鷺静臨窗。頓覺孤懷豁，能令旅思降。前林烟火近，鴉軋早驚尨。

十四日庚午，次楓亭驛，驛屬仙遊縣。楓亭荔枝甲天下，彌山被野，樹極婆娑可愛。唐明皇妃江采蘋故里也。妃于開元中高力士購諸閩中，進上，甚荷寵眷。妃性嗜梅，所居遍植，因號梅妃。自楊貴妃入宫，罕得幸御。妃慨慕長門賦故事，欲求才士作賦，因以動上，一時無肯爲者，遂自作楼東賦。明皇覽而憐之，卒畏貴妃逼，不敢召也。及幸蜀歸，遍索妃所在，得温泉蘽葬處。發之，顔如生，脅有刃痕，知不屈爲亂兵所戕。上皇震悼，命改葬焉。新唐書外戚傳未載妃名氏。是晚宿塗嶺。

過江妃故里詩云：

山礬水漲渚添痕，傳説江妃舊住村。青塚魂歸同寄恨，莆陽端不讓荆門。玉環豐膩洵無倫，窈窕樓東更絶塵。翻笑上皇誠錯計，馬嵬亡國竟何人？生年氣味類松筠，絶愛梅花萬樹新。歲歲嶺頭開勝雪，依稀猶似見横陳。蜀關西望六龍奔，畢命温泉識刃痕。懊惱史官編外戚，不書名姓慰貞魂。悵望華清渥澤頻，閑拈玉笛倍傷神。古來嬪御誰相匹，長信宮中奉侍人。莆山繚繞翠爲屏，策蹇經過記幾經。欲弔江妃吟八賦，一天風雨下楓亭。妃有綺窗梅花諸八賦。

十五日辛未上午，次惠安縣，度洛陽橋。橋原名萬安渡，宋蔡忠惠公橋記云：「泉州萬安渡石橋，始造於皇祐五年四月庚寅，以嘉祐四年十二月辛未訖功。絫趾于淵，釃水爲四十七道，梁空以行。其長三千六百尺，廣丈有五尺，翼以扶欄，如其長之数而兩之。靡金錢一千四百萬，求諸施者。渡寔支海，去舟而徒，易危而安，民莫不利。職其事，盧錫、浮圖義波等十有五人。既成，太守莆陽蔡襄爲之合樂讌飲而落之。明年秋，蒙召還京，道繇是出，因紀所作，勒于岸左。」泉南雜志云：「公自書大方尺，分勒二石，在公祠。聞之父老云：先時二石爲倭載去，後見江間發光，探之得後一石。其前一石，乃後人複摹，故前石不如後石瑩潤。今就東橋一基，視諸基大数倍，周圍約百餘步，内建廟祀公，二碑立公像左右。橋至此微曲，每潮汐至，濤浪浩衍，及退，地涸如陸。世俗相傳，公造橋時，禱於海神，神假醉卒進『醋』字。」據筠廊偶筆云：「閩中洛陽橋圮，有石刻云：石頭若開，蔡公再來。鄞人蔡錫中，明永樂癸卯鄉試，仁廟授兵科給事中，陞泉州太守。錫至欲修橋，橋跨海，功難施，錫以文檄海神，忽一醉卒趨而前曰：『我能賫檄往。』乞酒飲大醉，自没於海，若有神人扶掖之者，俄而，以『醋』字出。錫意必八月廿一日也，遂以是日興工。潮旬餘不至，工遂成。語載錫本傳中。錫官至都御史，以才廉聞。」觀偶筆所載，是書「醋」字固非忠惠矣。然忠惠經始橋基，其事視修葺倍難。王遵巖曰：豈其駕長江之洪流，馮虛以構？寔其役有足駭人者。昧者驚焉，而言之異。亦以賢者之所爲，興事起利，人樂其神而稱其功，故託於神以美之耶？

洛陽橋詩云：

清晨發塗嶺，午抵洛陽渡。驚飈卷行旆，奔潮倏已注。端明昔典郡，昏墊憫行路。思拯一時危，以成萬代固。金錢数百萬，輂至歎莫措。偃蹇驕黿鼉，誰敢拗其怒。矢傾盈腔血，瀝向滄溟訴。海若契精誠，涸沙莽迴互。遂令千丈虹，偃卧舒修胯。繼起獲象賢，修葺無乖誤。異事動潛靈，同駕若騏馵。由來大功成，天地與恩遇。商旅樂康莊，望洋肆安步。引領温陵城橋距泉州府三十里，迢迢阻雲霧。

是晚，宿泉州府；泉州負郭邑名晋江。浯江郡志云：「晋南渡時，衣冠士族避地于此，故名郡。」山之最高者曰清源山，在郡北三里許，高数千仞。聞未至絶巘数百武，有泉自石罅流出，積于砥石凹處，甘洌獨勝他泉。好事攀躋汲之，冬夏不減。其東有妙覺巖，石上刻「第一山」，是米元章行書。予以行期敦迫，未及遊焉。十六日壬申，次沙溪。凡行旅往漳州、厦門者，由此分路。旅舍蚊不冬蟄，至夏尤甚；日未夕，聲殷如雷霆。十七日癸酉，過五通渡，以地有五通山，因以名渡，約計海面十餘里。

五通渡詩云：

問訊厦門路，烟濤十里深。滄溟風易動，絶島樹疑沉。漫效浮槎客，難爲故國心。定知今夜夢，繚繞緑楊林予所居村名。

下午，抵厦門。按郡志：厦門一名鷺門，屬同安縣，爲閩中通洋巨鎮。突起海中，地廣輪約五六十里。按郡志：厦門即嘉禾嶼，上有無盡巖、洪濟山、點濟巖、雲頂巖。又有浮沉石，潮漲其石不没，潮退則石沉海底，天將風則石下有聲，名石虎礁。郡志亦第就有名者載之。其中怪石鬱律，巖壑奥窔，難以数計；環以巨海砰訇，實奇觀也。

厦門詩云：

厦門實巨鎮，遠轄盡漲渤。重關嚴稽查，兵衛環戈戛。東南通輻輳，歌管日膠葛。蜀錦與杭綾，被服同裋褐。市門嫣一笑，肯惜紅靺鞨。居貨牣殊方，由來藴利窟。海隅生齒稠，舉踵隘耕垡。騰踔狎洪濤，洋舶紛四出。往來市諸番，安論吴與越。咬吧最險遠，萬里逝超忽。崑崙及七洲西海崑崙、七洲，二洋最險。語云：歸怕崑崙，來怕七洲，荒怪難具述。蝦鬚閃旗殷，鯨背矗山屼。歲候西飈回，珍貝光熇發。興朝弛海禁，非徒邊徼活。王道尚柔遠，要使職貢達。梯航安可窮，泱漭滄溟闊。

十八日甲戌至二十七日癸未，凡旬日，覊留厦門，覓海舶。厦門有海關，稽查出洋商旅，福建都統將軍管理。凡官于臺者，携帶人数必具文書，開列人名，詳本省藩司，藩司給票，將所詳人名開後。既至厦門，將票呈海關掛號驗訖，始敢登舶。二十八日甲申，登海舶。舶首左右刻二大魚眼，以像魚形，長約十丈餘，闊約二丈，深約二丈。舶腰立桅，尾立舵。桅長約十丈，桅本約三十圍。舵長約二丈餘，巨約一丈。舵前相距二丈餘，設立板屋，寬約一丈餘，深約一丈，内供養天后像。左右立四小艙，以爲卧室，名曰麻離。板屋後附立一小龕，高約三尺，横闊約五尺，以置羅盤，定子午針。板屋外右首立水艙，縱横約八尺，深如之，以貯飲食所用水。以海水鹹苦，不可食。登舶之後，陳牲醴，焚楮帛，鳴金伐鼓，以祭海神。二十九日乙酉，從小擔嶼張篷出口。初出口時，風濤搏擊，舟中之人，吐眩顛仆，十人而九。惟出海、舵工、鵶班、水手諸人，笑語自若。凡海舶主事者曰出海，定羅盤子午針者曰舵工，經理張弛篷索者曰鵶班，其餘俱名水手。舶篷編竹爲之，長約八丈，闊四五丈。或值黑夜舟行，海風怒吗，舟楫振撼，篷索偶失理，鵶班上下桅竿，攀緣篷外，輕踰鳥隼，捷若猿猱，洵稱絶技。是日阻風，仍退泊小擔嶼。三十日丙戌五更放洋。上午以無風，且午潮將至，抛矴歇大洋。海舶固畏風，又苦無風。風静水平，連天無際，舶不下矴，則乘潮而北，隨汐而南，方向莫定。矴以鐵力木爲之，頭矴重七八百斤，以次遞殺。巨舟四矴，次三矴、二矴，下鉛筒約四十餘尋。鉛筒以純鉛爲之，形如秤錘，高約三四寸，底平，中刳孔，寬約四分，深如之，繫以棕繩。投鉛筒下海，底孔粘海泥；舵工覘泥色，即知其處，舟行自不錯誤。按厦門位西北乾方，臺灣位東南巽方。凡海道出口有二，春夏多南風，則由小擔嶼或大擔嶼，海不甚深，大擔嶼與小擔嶼相近；秋冬多北風，則由繚羅山下，海深不測。

小擔嶼放洋詩云：

遊子類飛蓬，飄飖臨海界。長飄維百尺，忽與滄溟會。大塊杜德機，藴氣不復噫。神物酣蟠睡，意快脱杻械。茫茫尾閭泄，淼淼萬川濊。安從測海深，祇益驚天大。生年困侘傺，日食厭虀芥。偶然獲微官，班秩鄙纖介。胡爲冒險行，霜毛壓歲邁。要知冥漠意，欲償諸番債。抓搜到嘔咿，心癢劇癢疥。每念注金惛，令我終宵喟。

六月初一日丁亥，回顧厦門諸山，散若斷雲，隱映斜照。微風偶動，波起伏輒数里，舟入窪如墜，其出如登。初二日戊子，不復有山，空絶飛鳥，時有小青蛇游泳舟側。初三日己丑夜半，觀日出。未出時白光一抹，長竟天東；俄焉霞彩照灼，鬚髮可鑒，近東海水盡赤，環望西南北三隅，甚黝黑，計内地晨鷄初鳴。良久日始出，西南北漸開霽，則内地昧旦時也。或云日初出，倏爲升沉，其語誕妄。蓋天欲雨，海氣坌湧，日出有定，海氣興滅無定，自崇山下觀，疑日有升沉矣。三餘贅筆云：補怛落迦山在東大洋海中，鷄初號，遥見東方日出，輪赤如火，流光燭海波，閃爍不定。蓋此係日輪未出時景象，若日輪出則東方明，其光氣亦漸斂矣。

海中觀日出詩云：

我生守蓬蒿，寸步困逼仄。忽成滄海遊，捩眼恣天色。坤輿漾空虚，洪河洶涓滴。扶桑澆懸根，滇澌知不隔。夜半天鷄鳴，霞燒半海赤。絳闕爛温汾，三山下臨逼。掉頭顧平地，夜氣正黝黑。良久火輪出，遊氛漸開闢。燋勞念馮生，始覘東方白。安知金鴉輝，早射崑崙脊。

是日，甚晴霽。忽見臺灣諸山，矗浮海面，意指日可至。常時渡海者，必先見澎湖島，繼見臺灣山。是日諸山先見，旋被雲翳蔽。竟日無風，海平如鏡，日光下射，五色炫目，細玩澄澈如冰。三四丈下，小鯊魚細鬐纖尾，浮沉翕忽，莫遯其形。迨日既夕，水惟一色。海中魚類雖無所不有，而舟行目所常見，惟有鯊魚，其種類亦繁，赤嵌筆談紀載鯊魚至一十七種，尚有未盡者。初四日庚寅，遥望厦門同發舟，近一二十里，遠則百里，如點墨貼空際。初五日辛卯，望見澎湖島，寸碧隱隱。自五月晦日至是日，皆以無風，隨水前漾，夜仍宿大洋；鉛筒下處，深不過六七十尋，淺則四五十尋。臺灣諸山，後不繼見。

海中見澎湖島以無風不能至詩云：

五日嘆羈遲，六日漩尤静。自五月晦日放洋，至是日凡六日。意輕溟漲闊，目炫陽烏炯。飛廉謝冰夷，逃竄深戢影。穹蒼虚相涵，一氣同溟涬。烏鯊狎澹瀞，撥刺時一逞。舵移昧遠近，寸碧出俄頃。安辨根虚無，常虞失娓奵。氣蹻未可乘，臨空殊耿耿。

初六日壬辰，至澎湖。澎湖舊隸晋江縣，臺灣紀略以爲屬同安縣，考諸府志，以屬晋江縣爲允。康熙二十二年，臺灣平定，始撥歸臺灣縣；共三十六島，皆平岡小阜而童。惟媽祖嶼最大，廣延各三十餘里。臺灣府志云：「總澎湖之嶼計之，實四十有五；而相傳爲三十六嶼者，特舉大概言之耳。」泉郡志云：「東出海門，舟行二日程，曰澎湖嶼，在巨浸中，環島三十六，如排衙然。昔人多僑寓其上，苫茅爲廬。推年大者爲長，不蓄妻女，耕漁爲業。牧牛羊，散食山谷間，各剺耳爲記，訟者取決於晋江縣。城外貿易，歲数十艘，爲泉之外府。後屢以倭患，墟其地。」唐施肩吾島夷行云：「腥臊海邊多鬼市，島夷居處無鄉里。黑皮年少學採珠，手把生犀照咸水。」即指此地也。是唐時已有居民。舵工云：岡阜生青草，曝極乾，不可燃爲薪。土人放牛飼草，牛下糞曝乾，燒則焰熾，是不可解。島中居民散處，地沙礫斥鹵，不可爲田，粟米仰給臺灣。泉郡志所云耕者非能如内地樹藝禾黍，不過偶有種植矣，惟倚漁爲生。丈夫出漁，婦女佐之，備盡勞瘁。諺云「澎湖婦人臺灣牛」，哀其瘁同也。内文員設一通判，武員設一副將，轄兵数千。觚賸云：「臺灣所屬之澎湖，其對岸皆獞猺部落。中國有賈於其地者，必設席於家，延之環坐，置盆水席中；主人之婦出，採樹葉裹糯米少許，納口細嚼，吐於盆，主人與客共酌。初飲淡泊無味，傾之面頓發赬，皆酩酊而散；謂之頃刻酒。」今考澎湖無所謂對岸地，且獞猺乃八蠻之種，惟五溪以南，窮極嶺海，迤連巴蜀始有之，海東諸島嶼固無有也，且不可言部落。惟臺灣之地，雖隔巨洋，地形實與澎湖對岸。山内生番釀酒，搗米成粉，番女嚼米置地，越宿以爲麯，調粉以釀，沃以水，色白，曰姑待酒。味微酸，外出裹其醅以蕉葉，或藏於壺盧。途次遇水，灌而酌之，渾如泔，亦未能頃刻而成。觚賸所載，或即指此，而傳聞訛異耳。按厦門至澎湖，船七更，是爲大洋。澎湖至臺灣，船五更，或云四更，是爲小洋。樵書云：六十里爲一更，又一日夜定爲十更。定更之法，以焚香幾枝爲度。船在大洋，風水有順逆，駕浪有疾遲，水程難辨。以木片從船首置海中，人自船首速行至尾，木片與人行齊至，則更数準。若人行至船尾木片未至，爲不及更，或木片先人至，則爲過更，均非更数也。澎湖至臺灣約計二三百里，據舵工云，偶當夜静波恬，或聞臺灣鷄犬鳴吠聲，未審然否也。

澎湖詩云：

澎湖一窮島，外海稱險阸。東南控制静，内地安棲息。山童草木荒，潮涸鹽鹵塞。地潟不宜稼，耙犁安所力。波濤狎床幃，蛟鼉輕蜥蜴。肆其虓闞性，溟漲猶逼仄。粟米自東來，未能飽饑膈。修鱗與團介，炰膾無不得。天兵昔東下，萬艘竭荷戟。神畀將軍泉，至今噴湢洑。大兵平臺時，師駐澎湖，掘井数處，鹹苦不可食。將軍施琅拜空默禱，甘泉一夕湧出，萬軍歡呼，而臺灣遂克。東臨望臺疆，時見山尻脊。西飆會有期，便掛如雲席。

午飯後，北風乍作。渡海占驗：凡六七月北風，則颶立作，舵工欲退泊澎湖，待颶定；商諸出海，出海以淹滯日久，且恃颶未即作，下午渡黑水溝。海水横流，爲渡臺最險處，水益深黑，必藉風而過。臺灣雜記云：「溝中有蛇，皆長数丈，通身花色，有梢向上，如花瓣六七出，紅而尖，觸之即死。」舟過溝，水多腥臭，蓋毒氣所蒸。予以驚怖，未敢出視。舵工云：常下鉛筒棕繩，盡百数十尋，未及底，莫測淺深。按宋徐兢高麗録云：「從明州出海口，舟行八日，過黑水洋。」元史：「張立道使交趾，並黑水跨雲南，以至其國。」海中黑水，固不一洋。及暮，風益烈，濤浪如山，倏聞船底喧闐，聲如地中萬道鼓角，意加怖。詢諸舵工，云：黄花魚因風起趨附船底，响沫竟夕，喚喁有聲。

由黑水溝夜泛小洋詩云：

舟過黑水溝，舵工顔如墨。畏驚驪龍睡，檣櫓快掀擊。回瞻黑奔渾，弱膽尚餘惕。行旆颯飄揚，飆張迅弩激。便堪瀛壺遊，却恐銀潢逼。夜久風更怒，崩濤恣湍渚。何得萬鼓角，號呶哄深黑。蒼茫神鬼集，哀傷天地窄。始知潛鱗介，喚喁伸腷臆。茲行固留滯，肝腸已結塞。宵征太蒼黄，履險更迷適。誰能鞭羲車，光展陽烏翼。

初七日癸巳，至鹿耳門。門約長三四里，左右皆礁石。土人又名鐵板沙，潛藏波内，彎環屈曲。其道止容一舟，深不踰尋丈，出入必脱尾舵，恐舟隔礙。門外則係七鯤身沙脚，巨石森布，潛波二三尺，長約百餘里。常時無風，海水自内河湧出，怒激潛石，翻銀噴雪。枚乘所云：「洪淋淋若白鷺下翔，皓皓皚皚，如素車白馬帷蓋之張」，可謂善於名狀。舟將進口，海邊漁人斫木裹白黑布爲左右標記，就礁石彎環屈曲插之，使知趨避。凡海舟來臺者，每歲出金少許，以酬其勞。舟上下偶失標記，立至糜碎，人百不一生。以出入必由於是，故以門名焉。舟行必候風潮，二者缺一，則不敢出入。既進鹿耳門，海中突出一嶼，周圍加以累石，寬平約一二里。内立二税館，海防同知及安平鎮副將管理。海舶至此，仍將藩司所給票呈税館掛號驗訖，始得換小舟至府。

鹿耳門詩云：

精衛銜石填洪濤，羽毛禿盡波仍高。至今碪磆剩遺跡，潛藏海底相周遭。戈矛咫尺銛争向，脱舵失憑心膽喪。崩騰陡覺眼光迷，造次頓許蛟鼉葬。憶昔天兵動地來，潮添十丈千艘開。康熙二十二年秋八月平僞鄭，鹿耳門水漲。鯨鯢鏖戰窟宅净，孽血雨灑腥風霾。有道由來四裔守，地險重扃復何有。登崖張讌對滄溟，浮天瀲灩臨樽酒。

鹿耳門潮聲詩云：

大荒地險盡堯封，想見天兵克僞墉。故壘迄今盈百室，寒潮依舊捲千重。餘波南

匯暹羅水，細沫東噓日本峯。怪煞舳艫争利涉，長年來往狎鷗蹤。

常時風順，一日夜可至。予以無風，留滯海中浹旬，因得紀其梗概如此。初八日

甲午，至臺灣府。

卷二　海東紀勝（上）

臺灣不知所自始，地迤長千餘里，諸番種類不一。諸羅縣志據馬貴與通考紀流求國，其略云：「流求國居海島，在泉州之東。有島曰彭湖，水行五日而至。隋大業中，曾令羽騎尉朱寬入其國，取布甲而歸。時倭國使來朝，見之，以爲彝邪久國人所用。旁有毗舍耶國，袒裸盱睢，殆非人類。宋淳熙間，其國酋豪，嘗率数百輩猝至泉州水澳、圍頭等村，多所殺掠。喜鐵器，掠取門環及剜甲取鐵。」今考諸番俗，多與臺類，且東洋諸番，惟臺地不産鐵。而郡南有小琉球山，今琉球國距泉州甚遠，或元以前臺與澎湖共爲一國，而與琉球同名。其所記毗舍耶國，或係諸番内一種，亦未可知。至蓉洲文稿則據名山藏，爲乾坤東港華嚴婆娑洋世界，名爲鷄籠。考其源則琉球之餘種，自哈喇分支，近通日本、遠接呂宋，控南澳、阻銅山，以澎湖爲外援。是皆臆度之詞，未可據爲信也。府舊志云：「臺灣古未隸中國版圖，明宣德間，太監王三保舟下西洋，因風泊此。天啓元年，漢人顔思齊爲東洋國甲螺，東洋即今日本，甲螺即頭目之類。引倭屯於臺，鄭芝龍附之，尋棄去。久之，荷蘭紅毛舟遭颶風飄此，愛其地，借居。土番不可，乃紿之曰：得一牛皮地足矣。遂許之。紅毛剪牛皮如縷，圈匝已数十丈，因築安平鎮、赤嵌城，漳泉商賈集焉。」臺灣紀略云：「先是，北線尾日本番來此，搭寮經商，盜賊出没其間，爲沿海之患。後紅毛乃荷蘭種，由咖嚁吧來，假地日本，遂奄爲己有。築安平、赤嵌二城；各社土番，聽其約束。辛丑歲，僞鄭成功敗自長江歸，土人勾之往，由鹿耳門入，潮水忽添数尺，紅毛戰敗逃歸。成功因名臺灣爲僞東都，設一府二縣。府曰承天，縣曰天興、曰萬年。壬寅歲，成功卒，子鄭經嗣，改東都爲東寧。康熙辛酉，經預立其庶子鄭欽爲監國，退閑洲仔尾。未幾，經卒。衆憚欽之嚴，迫之縊死，遂立鄭克塽爲主，年幼，政出多門。福建總督姚啓聖知之，密請東征。朝廷可其奏，命靖海將軍施琅爲提督，與巡撫吳興祚同討之。二十二年癸亥六月十四日，大師由銅山進發，二十二日克澎湖。克塽繕表歸誠，臺灣遂平。設一府三縣。府名臺灣，縣名臺灣、鳳山、諸羅。」紀略所言如此。康熙五十年，命大臣涉海，勘定疆界。雍正九年，割諸羅北境爲彰化縣。通計版圖所隸，南北縱長約千餘里。東界崇山，山内盡生番。西臨大海，横闊不踰百里。地形如彎弓，故名臺灣。外環七鯤身，又名沙線，繚繞斷續，約百餘里。環圍内河，與府治相向。其外長沙線自南港口起至淡水海外止，不知其幾千里。復有大線頭、海翁崛，爲臺灣之外障。沙線係海邊石，矗露波面，高不尋丈。

七鯤身詩云：

臺疆肖彎弩，千里射潮汐。鯤身劈半環，小曲百里窄。團束内河流，明鏡安臺脊。少女逞狡獪，撼動天光碧。氣連滄海昏，險自洪荒晝。修鱗欲來遊，骯臟鬐阻格。内河望鯤身，隱隱凸浮磧。揭來勿狎侮，下逼蛟龍腋。

鯤身漁火詩云：

茲地曾經百六遭，時清漁火遍輕艘。屢探蛟蜃盤渦惡，那懼鼃鼉駕浪高。風定熒熒依古戍，宵分點點映寒濤。往來慵問乘除事，燃竹無心羨爾曹。

舟進鹿耳門入鯤身，是爲内河，水淺五六尺，深則倍之。大船至此，不能復進，另换小船。遇潮退岸垂，水涸如陸，藉人力推舟，或用牛車换載。

内河詩云：

出險泊内河，回覘猶餘恐。幸逃滅頂凶，敢誇投璧勇。内河亦海流，夷險差安悚。波深不盈尋，懸暉漾清溶。窄愛舴艋輕，寬辭市舶聳。潮回鹵地涸，舟小邱山重。陸行迅摧濤，百口號呼洶。鴇鷁倏駭散，鯤鮞怖群踴。力疲撓寸進，艱勝登秦隴。森森認城郭，歷歷分畦壟。茲行飽艱虞，快聽啼寒蛬。西風颯毛鬢，秋霜驚種種。

遥望臺灣，不見民居。一帶青碧，無城郭。惟四門設城門，累以巨石，約寬数丈；其餘周遭樹木栅，栅間疎闊，人恣出入。遍植莿竹、菻荼、緑珊瑚之類，蓊鬱蕭森，恍若入深谷矣。

臺灣府詩云：

海中望臺山，山形倏明滅。合沓乘風潮，闖然臨巇嶭。自從鑿混沌，狉獉狎噬囓。安知萬祀後，冠裳儼森列。南北千里餘，竹木青轇輵。相傳鷄籠陰，猶有太古雪。海流日砰訇，海巘長屼巑。野鶴適何來，拚飛恣寥泬。

安平鎮在一鯤身上，府治對岸，有紅毛築城，方圓一里。築城時，用大磚、桐油灰共搗而成。城基入地丈餘，深廣亦一二丈。城牆各垛，俱用鐵釘釘之。城極堅固。城外平廣約八九里，突起海中，與鹿耳門税館相對，地比税館倍四五。二地遥望，如石印二顆，分立海口。環以鯤身繚繞，形勢險固，爲咽喉之地。内設副將，統水師三營。府治至安平鎮，水行約十里；至鹿耳門稅館，水行約三十里。

安平鎮詩云：

重鎮壓瀛壖，周遭樹營柵。東回瞻府治，十里驚湍隔。仡仡番子城土人名赤嵌、安平二城，統名番子城，荷蘭舊擘畫。興朝聲教闊，外海恣開闢。維天生五材，並用敢離遏。設帥制狡獷，心輸由吭搤。大閱當嚴冬，千艘壅潮窄。皂纛咽笳鼓，摩動閃雲隙。令傳齊三呼，狂趡洶濤黑。仿佛罥鯨鯢，森森鬭鋋戟。誓將髑髏鏖，肯惜腰膂礫。淵客竄污淤，海童韜蹤跡。張幕簡趫材，僄狡迅鶻擊。將軍粲然笑，磊落賚金帛。頹陽入濛汜，餘霞爛西赤。飲至動鐃歌，滄溟夜寥闃。

赤嵌城在臺灣縣治左，相距不數百步。荷蘭始至，築此城。府舊志以爲誆地土番，臺灣紀略以爲假地日本，二說未知孰是。城初甚高峻，以勢壓縣治，隳去數雉。今無人居住。

赤嵌城詩云：

諸番昔陸居，漁海饜腥食。紅夷誆牛皮，城築誅茅塞。驅逐駭禽獸，挺走竄労㓷。埤堄抗虹霓，咸池瞰浴赤。潮生驚隆頹，颶作占氛黑。想當締造初，戀腐恣鴟嚇。寧識聖人出，千里溝塗斥。費豈恡垣墉，衆心森削壁。黑齒日襁負，縱橫閭閈跡。嘓轆唱番謠裨海紀遊云：諸番語多作都盧嘓轆聲，湛湛高穹碧。

澄臺在道憲署內。臺高丈有奇，上廣一筵。四望空闊，海濤汩沒，若在几席。癸未歲，長白覺羅四公召入署，閱歲試卷，獲登澄臺，遊斐亭斐亭在澄臺之北。公係紅帶子，由內閣中書出爲汀州同知，陞福州知府，調任臺灣知府，陞臺灣分巡道。公謙恭好士，退食之暇，留心詞賦。甲申歲夏四月，公俸滿西渡，爲作海東頌八章上之。

天眷有清，以靖萬邦。要荒率服，歲貢克供。裔焉小孽，竄海窟穴。腰膂分離，樓櫓漂血。坤乾軒豁，昏霾殄絕。奠茲井里，重洋有截（一）。

維彼臺疆，開鑿末世。憑怙奫溱，鯨鯢恣睢。自我奠居，文教揆治。千里而遥，有郡邑四。皇帝曰吁，理我有民。惟良守牧，是拊是循（二）。

昔在清端，澤濡瀛壖。至今皤髮，猶啫齒齦。我公宗室，遠來此土。繼陳清端，益大其撫。臺谷峆岈，赤嵌壁削。五馬驤騰，臺人歡躍（三）。

臺疆黎庶，寔徙內地。外環諸番，哆侈鴂飼。格心麇來，庀修耕器。公曰念哉，汝民汝番。汝驅汝犉，余溝汝田。汝哦汝册，余賚汝冠（四）。

書院隆崛，維公成之。孝秀屏棄，維公烝之。民番嘔心，犍牂日孳。有恇其威，而傴其惠。河潤九里，滂澤日繼（五）。皇帝曰吁，念茲臺疆。舊人是求，化迺易成。鳫冠岌岌，我公再至。後政之敷，儷前之治。士無厖教，民洞其志。以謳以絃，以樂以利（六）。檳榔之樹，匝葉蓬蓬。我公所植，誰敢不恭。自北徂南，公寔巡行。葦其陰雨，輸我豆秔。公涖臺疆，前後六載。公曰予歸，西杭溟海（七）。公欲歸止，民番唏止。公我父母，而舍子弗穀。匪公弗穀，維天子有命。用勸相國家，萬民以正。願公福祿，延及孫子，承承無疆，同國家億萬祀（八）。

澄臺觀海詩云：

海上棲遲及早秋，登臺騁望思悠悠。常虞雷雨從空下，始信乾坤鎮日浮。淼漫由來圍赤嵌，蒼茫何處問舟邱？乘槎便欲從茲去，憑占星文入斗牛。

宜亭在斐亭之西，覺羅四公所建，旁植檳榔十數株。每值月夕風旦，景物淒清，洒然塵外。二亭相距不數十步。

宜亭詩云：

坐鎮諸番靜，孤亭愜所宜。海光搖畫戟，竹影漾浮卮。魏闕長膺戀，林泉偶繫思。風謠憑貢上，寧減白狼詩。

記厭承明值，來東已六年。英髦時接席，宗室固多賢。水檻朝垂釣，風亭午擘箋。檳榔皆手植，父老重流連。

朝天臺在府署内，覺羅四公爲府時所築。臺之高廣，視澄臺過之，亦可觀海。癸未歲，臬憲寶崗余公時爲府，召閲試卷，因獲登焉。公浙江紹興諸暨人，乾隆丁巳進士，官刑曹幾二十年，出爲福寧知府，歷福州、漳州，調任臺灣。公性方嚴，門絶私謁，博學能詩，長於吏治。予蒙公與覺羅四公，皆有知己之感。癸未歲秋八月，公俸滿西渡，予作五古一篇上之。詩云：

於越古奥區，千巖競蒼翠。鬱烝干青冥，光涵瑚璉器。大雅遡根原，寔爲名家裔。貫穿七略書，摛藻春葩麗。廿年官刑曹，時切平允志。持議無敢撓，屹若山岳鋭。每歲上讞書，屢荷天顔霽。曰茲大小獄，是臣稱職司。遂令天下民，咸受協中治。繼命守甌閩，清霜肅瘴癘。量移滄海東，經綸出腹笥。欲頌騶虞仁，彌厲鷹鸇鷙。化裁葛亮嚴，神明鄭僑惠。聽斷勝燃犀，魑魅潛逋避。浩蕩千里間，卧狗足生毳。黠胥無完裾，憔悴涕濡鼻。民番輕豐收，狼藉攢遺穟。制府釋焦勞，永無東顧累。茲將航溟漲，筮日整行騎。煌煌賢能名，早已御屏記。恐留官神京，軒車難再至。斯須乞居停，慰我民番思。

登朝天臺詩云：

泱漭接虛無，臺空瞰四隅。乍驚寒浪湧，惟見片雲孤。拙宦東溟遠，懷鄉西日徂。不堪華鬢髮，漂泊嘆窮儒。

五烈墓在臺灣縣治魁斗里，明寧靖王侍姬袁氏、王氏暨媵妾秀姑、梅姑、荷姑葬處也。按鳳山舊志云：

王名術桂，字天球，明太祖九世孫，遼王之後，長陽郡王次子。崇正〔一〕壬午，流寇破荆州，王偕藩封宗室逃湖中。甲申，京師陷，福藩嗣位江南，王與長陽王入朝，晋鎮國將軍，令守寧海。順治乙酉夏，浙西郡縣盡歸本朝，長陽率眷屬至閩，王尚留寧海，而鄭遵謙從紹興迎魯王監國。時傳長陽入閩，存亡莫測，監國封王爲長陽王。鄭芝龍據閩，又尊立唐藩，王奉表稱賀，唐藩亦如監國所封。繼聞其兄已襲遼王，王具疏請以長陽之號讓兄次子，唐藩不允，改封寧靖。丙戌五月，大兵渡錢塘，王乃涉曹娥江。覓海舶出石浦，監國亦由海門來會，同至舟山。十一月，王與監國乘舟南下，歲杪抵厦門。是時，鄭鴻逵迎淮王於軍中，請王監其師，合芝龍子成功兵，攻圍泉州，經月不下。鴻逵乃載淮王與王，同至南澳。值粤東故將李成棟已奉桂藩嗣位肇慶，王因入揭陽。庚寅冬，粤事潰。辛卯春，王仍與鴻逵旋閩，取金門。及成功取臺灣，王遂東渡，就竹滬墾田数十甲，以贍朝晡。既而元妃羅氏卒，遂葬焉。康熙戊午，聞靖海將軍施琅調集水軍樓船進討鄭氏，王蒿目憂之。癸亥六月，大兵克澎湖。二十六日，鄭兵敗回，王謂姬媵曰：我之死期已至，汝輩聽自便。僉云：王既能全節，妾等寧肯失身，請先賜尺帛，死隨王所。王曰：善。姬袁氏、王氏，媵妾秀姑、梅姑、荷姑俱冠笄被服，同縊於堂。王乃大書於紙，歷叙流離之艱，矢以不肯失節，並著絶命詞，遂結帛於樑自經。衆扶之下，顔色如生。越十日，藁葬鳳山長治里竹滬，與元妃合焉。相距五烈墓三十里。

五烈墓詩云：

百年荒塚在，寧比玉鈎斜。漫墮三春淚，驚摧五朵花。瘴鄉空葬骨，絶海竟無家。應化虞兮草，臨風共怨嗟。遥念叢蒿地，王孫烈骨憑。未能依竹滬，猶勝望西陵。仿佛青螭駕，依稀赤豹乘。佩璫紛侍從，愁霧夜長凝。

鯽魚潭在府治中路，離府八里，僞鄭時常畜魚於此。據諸羅志云：「臺地無鰱，僞鄭載而置之郡治鯽魚潭，及網之，無有也。」其寔不然。予在鳳山學署，見守備某餽同僚鰱魚二尾，每尾重可五六斤。豈地氣有異，抑今昔不同耶？

鯽魚潭詩云：

府東萬丈潭，水族紛窟宅。百泓沸重幽，膽破下臨黑。連峰亘東回，環照崨嶪邑。戢戢穿蕢茈，瀲瀲弄瀲灩。氣各挾波濤，隱忍困逼仄。僞鄭饕口腹，銀鱗出潑刺。膾下金絲盤，細聽霜刀驌。自從罷施罛，長時瀲空碧。勿輕鬐鬣微，溟漲迫脅腋。會當雷雨交，騰踔安可測。

暗洋，梁谿季麒光臺灣雜記所載〔二〕，府志採入，云：「暗洋在臺灣之東北，有紅彝舟泊其地。無晝夜，山明水秀，萬花遍滿，而上無居人，謂其地可居，遂留二百人，給以一歲之糧於彼居住。次年復至，則山中俱如長夜。所留之番，已無一存。乃取火索之，見石上留字，言：一至秋即成昏黑，至春始旦。黑時俱屬鬼怪，其人遂漸次而亾。蓋一年一晝夜云。」此與山海經所載西北海外章尾山燭龍事相類，似涉荒唐。雖大荒之外，靡所不有，如極西所著天問略云：西國人親經歷，地近北極者，夏至日晝愈長，夜愈短，有全十二時爲晝、三十日爲晝、六十日爲晝、六月爲晝者，亦或有其事。然臺灣與海東諸國遠離北極，而茲地在臺灣東北，相距應不甚遠，事益難信，況君子固道其常也。

暗洋詩云：

海客傳逸事，令我再三歎。有島絶居民，花濃竹欹亂。紅彝挐舟來，留種置行館。再至燭遺書，墮淚浩如霰。愴傷人代促，黝黑歲序半。羲車厭修轡，暑退快脱絆。安知秋陽輝，長此冬夜漫。山魈恣彳亍，魍魎互窺瞯。大荒固多異，兩儀無更換。誰能鑿空虛，啟閉作昏旦。甚類燭龍誣，何減諸臯謾。空堂夜杳閴，泱漭望河漢。

【校勘記】

〔一〕「崇正」，即崇禎。此處爲避雍正皇帝名諱。

〔二〕「麒」，原爲「麟」，誤。季麒光，字蓉洲，江南武進人，康熙丙辰（一六七六）進士，曾任臺灣諸羅縣知縣，嗜詩古文，著作甚多，有蓉洲詩文稿存世。

卷三　海東紀勝（下）

予於六月十二日戊戌，由府治小南門問道鳳山。十里至二濫，風沙乍作，窈冥晝晦，轍跡縱横，居民短垣茅茨，參差相錯，風景絶類西北地。二十里至大湖，屬鳳山縣治，市廛民居稠密，爲大村落。二十里至竿蓁林，又名鴉公店，亦一大村落也。以阻雨宿此。十三日己亥，十里至小店仔，十五里至縣治。城内周圍約五六里，設四城門，與府治同。四門惟北門外有市廛廬舍，學宫亦在北門外。其東西南三門，出郭則阡陌相接矣。

初至鳳山學署有感，成二十韻，詩云：

渺軀輕鴻毛，生死敢豫計。舟航信乾坤，遂造大荒裔。儒官俗簡賤，訓諭固職司。負力窮展陳，微員成虛置。較禄等貳令，論階崇邑尉。未敢與齊觀，曹開脱權勢。筮日勉就位，淫霖行潦沸。踏濘五六役，前導失行次。兒童拍手笑，婦女掉頭詈。壁立絶几榻，廚荒假食器。循例張科條，諸生無一至。空抱素餐慚，深辜設官意。安能驅麋鹿，近使諧孔翠。肩輿偶行遊，列廛紛起侍。詢知學宮官，箕踞意復恣。所歷盡揶揄予始任德化，繼署理永春，矧茲饒瘴癘。何如百夫長，出入弓刀騎。駭汗雨翻盆，拳身蝟縮刺。野鶴忍調饑，自韜霄漢志。由來太行阪，盐車有騏驥。

予調任鳳山，寔由順天石君朱公向制府推激。予以母老辭，繼感公言而不獲辭也。宗室覺羅四朗亭公時爲臺灣道憲，公命予致書，非公素交也。進謁日，朗亭公極口相譽，具述公書云爾，予益感動。至臺既數月，諸生罕至者，深懼尸位，辜公德意，日悒悒不樂。因述公所言著於詩，欲令天下益知公之賢，而予得此於公爲不易也。公順天大興人，年十八，登乾隆戊辰進士，官翰林，歷侍讀學士。庚辰歲，出爲福建粮憲，治期年，士民懷之，繼升臬憲。

上朱臬憲五十韻詩云：

苑囿遊騶虞，草木遂萌拆。雲霄下仙鶴，凡禽整毛翮。朱公來甌閩，橫目競修飭。在野力鋤耰，環坐延逢掖。嶷然夔龍姿，卓爾遊夏匹。童年躋高第，飛騎控鳴鏑。儼列侍從班，鴻羽儀王國。四庫書貫穿，百篇管立搦。骨爭華岳重，量恣滄溟闊。天子念良臣，民瘼須周悉。欲成平格勳，先與盤根歷。仰承珍重意，屢奏循良績。澤民勝救暍，薦士深饑惄。淺材本櫟樗，蕪没甘榛棘。量移滄海東，公寔汲引亟。顧念母篤老，未敢身遠適。荷公言覼縷，浩浩輸胸臆。渾忘官階崇，宛篤骨肉戚。上云憐侘傺，微員太卑仄。子貌類拘迂，子質亦悃愊。任負材殊尤，誰肯力推激。臺疆舊狉獉，遷徙近充斥。滿俸稽邊勞，進秩固不隔。受祿加豐盈，供廚備燔炙。持歸養高堂，囅然動顔色。弟昆况三四，佐餕自無忒。以此答劬勞，遠勝日侍側。下云當聖世，鞅掌匪異責。未可眷私恩，遽爾就家食。忠言撼肝肺，勉力赴行役。宗室朗亭公，音容闊疇昔。命作致書郵，私謂僚誼迫。舟航泛波濤，傴僂謁棨戟。啟口快揚揄，稔知勝熟識。傾聽味由來，歛容增悚惕。因述公郵書，轅駒誇虎脊。陡焉心銜悲，不覺臉淚滴。勤勤肆搜羅，瑣瑣無遺擲。要使尺尋材，隱爲邦家惜。思欲酬高深，惟日勤司職。倫俾民番明，教廣龍蛇澤。庶公報國心，少慰卧轉側。負山嘆蚊微，馳河慚蚷力。朝縻太倉粟，寤向長榻擗。諸生肖獶猱，招呼愈藏匿。訓諭安所施，志願卒未獲。沐猴輕儒冠，亡羊愴挾筴。過蒙冀北顧，留滯周南客。颶風破簾幃，飛沙埋莞席。乾坤莽周遭，哀歌思去聲何極。

鳳山學宮，教諭、訓導無署舍，教諭以明倫堂爲署，訓導以五王殿東西廂爲署。宮前泮池，即蓮花潭也。寬約八九里，烟波浩渺，漁筏出没，長堤綿亘，竹木蕭疎。鳳鼻、鳳彈諸山，淡抹天際，仿佛杭州西子湖；恨無臺榭點綴耳。往時屬學官遍種荷花，泮池荷香，爲鳳山八景之尤。乾隆十二年，縣令呂鍾琇歸諸百姓，漁人蹂躪，荷無遺種矣。傀儡山相距六十五里，倒影入池，至冬水涸，僅尋丈，山影亦宛在。土人欲知晴雨，常驗山上雲氣。山極高峻，常時雲氣覆蔽，偶遇晴霽，山形盡露，不数日即雨。聞全臺諸山盡如是，與内地大異。

與同僚林霞海讌飲蓮花潭詩云：

蓮潭當夏末，泱漭葭蒲蔚。瀲灧細皺縠，嵩崒環倒翠。竭來謝親愛，賴兹慰覊思。矧復同官賢，草木諧臭味。樽罍諦新知，覼縷傳舊事。緬遡十年餘，爛熳豐荷芰。露湑團蓋明，風引高莖曳。窈窕擁紅粧，喧填遊寶騎。歲久忽摧殘，白鳥失所憩。安從水濱問，且作一日計。炰膾既登盤，梨栗亦相次。市酤罄澀囊，引滿愁莫繼。醉舞月照席，欹影紛墮地。乍面絶嫌疑，傾言到肝肺。興衰任不常，歡娱且休置。餘興欝未伸，列坐更揚觶。

鳳山在縣南三十里，其狀昂騰如鳳，若丹穴遠至，邑因以名，山盤欝不里許，而圓秀絶倫。山東北爲鳳彈山，俗呼爲鳳卵山，西南爲鳳鼻山，山皆肖形而名。

鳳山春雨詩云：

鳳山南望海天遥，春至空濛暮復朝。氣動蛟龍初起蟄，聲催螺蚌盡乘潮。瀟瀟餘響紛傳幄，淰淰輕寒鎮入宵。羇旅有情誰遣此，短檠相對伴蕭寥。

半屏山在縣治東北七里，形如畫屏，至蓮花潭山忽截削数十仞，肖屏風之半，因名。俗相傳昔有麞在山巔，鳴則近地火災，獵者捕不可得，後莫知所之。

半屏山詩云：

茲山名肖形，屈膝裂半曲。造物憎美盡，悋此黛色足。自昔藴精靈，警火鳴逸躅。獵徒欲罝捕，奇獸寧國育。新曦相照耀，時霔深櫛沐。哀猿啼一聲，蕨迸萬莖緑。猿啼地蕨乃多，每一聲遽生萬莖，見林下清録。

半屏山夕照詩云：

屏山突兀映高空，樹色山光入望中。一抹寒雲開夕照，千竿疎竹動秋風。牛羊點點歸茅巷，鳥雀啾啾下枳叢。欲倩郭熙無處寫，綸巾相對意何窮。

龜山在縣治左，近接半屏山。山形如龜，半盤城內。盤石嵬嵔，林木翳蔚。偶值風柯遞振，哀狖互答，頓令羇思增唏。山不甚高，登其巔可以觀海。

登龜山憶家詩云：
怒石勢欲落，哀狖啼啾啾。攀援無尺土，寸步猶淹留。槎枒千章木，終古聞飀飀。陽烏避薈蔚，六月思重裘。升高瞰巨浸，端倪洵難求。洪濤蘸雲霓，澒漫不可收。緬渺望鄉邑，西接崑崙邱。王母竟何許，玄圃空悠悠。想像扶桑枝，垂椹光十洲。安能馭鸞鵠，飽啖銷羈憂。

瑯嶠山在縣南一百四十里，東北聯山，西南濱海。山多巨木，今造海船軍工匠屯駐其地。陸行必出入生番社，水行泛海九十里可至。

瑯嶠聽潮詩云：
欲向三山訪巨鰲，瑯嶠島外雪翻濤。何當一夜寒聲壯，正值千崖秋氣高。屢訝馮夷來擊鼓，底須董女下鳴璈。年來跼蹐轅駒似，欲仗餘波洗鬱陶。

淡水溪在縣東南三十里。源出山猪毛社後山，水初出爲巴六溪，合力力溪、中港爲淡水溪。下合大澤溪、泠水坑，會流数十里入海。每值夏秋之交，諸溪水合，海不能洩，浩渺無際，至霜降水落，不過数丈，溪東西有熟番二社，爲上淡水社、下淡水社。

淡溪月夜詩云：
一片冰輪海上生，淡溪流水寂無聲。長懸碧落何曾異，每到秋期分外清。淺渚惟聞寒蚓弔，疎林時有夜烏驚。國傳龍伯知何處，便欲垂綸趂月明。

打鼓山在興隆莊，縣西七里，俗呼打狗山。高峯插漢，高百餘丈，袤二十餘里，背障大海。舟進鹿耳門，先見此山，爲營卒樵採所資。舊時水師營壘在焉。陳小崖外紀云：「明都督俞大猷討海寇林道乾，道乾戰敗，艤舟打鼓山下，恐復來攻，掠山下土番殺之，取其血和灰以固舟，遁占城去。」外紀所傳，予竊未信，據府舊志云，俞大猷逐林道乾，在嘉靖四十二年，是時臺灣未爲倭據，地皆土番，而道乾已遁占城，誰復知其事而傳也。鳳山邑志云道乾遁入臺，艤舟打鼓山港，其妹埋金山上，故又名埋金山。山上時有奇花異果，入山樵採者或見焉，若懷歸，則迷失道。未審然否也？

打鼓山詩云：

鼓山邑右輔，百里見尻骨。獰狀類孤羆，修脚踏漲渤。茲地萃舟航，宄黠時出沒。道乾昔敗衂，衂船漬番血。誰爲覶縷傳，毋乃涉荒忽。森森樸樕材，營伍樵蘊窟。代期三年瓜，口粮隨月撥臺地屯兵，三年一更換。猛性鬬虎哮，賴此朝夕活。居民懾乳羊，腰鐮不敢越。將軍巡哨堡，清笳暮幽咽。

萬丹港在縣西八里，港道通外海，南北小舟，在此停泊貿易。縣丞署在焉。爲鳳山一大市鎮。港沿而西北分汊，曰蟯港。轉入爲彌陀港，通内溪水。再北爲鯤身港，逶迤分支，通臺之喜樹港及二層行溪，爲縣北界。

萬丹港詩云：

萬丹港水半篙寒，絶愛蒲帆一幅寬。向夕依依浮極浦，凌晨葉葉下前灘。青魚大上時隨影，白鳥低飛屢拂翰。來往行人頻唤渡，沙頭長是駐征鞍。

大岡山在縣治北三十五里，狀如覆舟，天陰埋影，晴霽則見。上有仙人跡，龍耳甕在焉。相傳郡有大事，此山必先鳴。據古橘岡詩序云：「鳳邑未入版圖時，邑中人六月樵於大岡山，忽見古橘挺然山頂。向橘行里許，則有巨室一座。由石門入，庭花開落，階草繁榮，野鳥自呼，廂廊寂寂，壁間留題詩語及水墨畫跡。登堂一無所見，惟隻犬從内出，見人摇尾不驚吠。曲折緣徑，皆合抱橘樹也。垂實如椀大，啗之甘香異常橘，因袖懷数顆。俄而斜陽入樹，山風襲人，遂荷樵歸，遍處志之。至家，以語人，出橘相示。再往，遂失所在。」今山之巔，牡蠣螺蚌遺殻甚夥。山去生熟番既遠，且上無居人，是不可解。彰化胡雄白明府云：「彰化諸高山，在治内者亦然。豈臺地諸山，昔皆在海中耶？」沈文開雜記云：「臺灣當混沌時，總屬茫茫大海，中峙高山，因水歸東南，漸現沙土，所以地薄而常動。」理或然也。又有小岡山，二山對峙，勢若相聯，在縣北三十里。山不甚高，巔有巨石，圓秀如冠，名紗帽石。

岡山頂有螺蚌蠣房遺殼甚夥，賦之詩云：

岡山三百仞，雲壓吐油油。蚌螺辭洪濤，陸死昧所由。濛鴻遡開闢，萬川壅倒流。嶔崟墮汩没，潄激重泉幽。吞舟如山鯨，突兀時來遊。戴殼亦狡憤，弄潮鎮淹留。波窮忽蹭蹬，呀呷失所求。含漿戀污淤，涎壁成拘囚。安知千萬代，壞涸茀青疇。委形埋瘴癘，攢集蟲蟻搜。樵蕘驚磊砢，舌撟不得收。乘除自古然，天地終悠悠。

岡山樹色詩云：

海邊島樹自敷榮，根浸滄溟蔭愈清。高幹排雲涵蜃氣，疎枝漏月送猿聲。寔殊華夏何曾見，種别圖經不解名。極目遥天青未了，長年迢遞送人行。

小琉球山在鳳山西南大海中，孤峰突峙，凌晨賓旭，届夕凝霞。周圍三十餘里，内饒竹木。山下多礁石，巨舟難泊，或欲取薪木，惟駕小舟。昔年聞有人墾土而居，今亦徙歸臺，以爲禁地。閩部疏云：「由興化東門而出，更從黄石東行六十里而遥，爲平海衛，正當大洋，東南二面，了無障蔽。登城東望，日下黯黯一點爲烏坵，倭彝所經行處也。天清時，小琉球亦隱隱見云。」即指此山也。

初至鳳山，即訪小琉球所在，以海道險阻不能至。詩云：

黄石東行平海衛，浪蘸虹霓濕修曳。天清時見小琉球，一點青螺漾空際。舟行萬里隨天風，探奇默禱蛟螭宫。便邀海若相感動，波攢叠巘青摩空。安知琉球何者是，轉瞬陰雲迷尺咫海中未見澎湖先見臺灣諸山，旋被雲翳蔽。到官兩日席未煖，欲踐層巒恣雙眼。風顛浪吼冰夷怒，即恐靈鰲倏移去。咄哉神閟焉可窺，倚天猿嘯無窮期。

小琉球朝霞詩云：

朝來紅紫射窗櫺，海上明霞炫錦屏。遠映三山魚尾赤，高烘孤島佛頭青。光浮淵客時横脊，影照鵷鶢欲曬翎。安得日餐成五色，從教駐算百千齡。

火泉，在諸羅縣治玉案後山之麓。其下水石相錯，石罅泉湧，火出水中，有焰無烟，焰發高三四尺，晝夜不絶。置草木其上，則烟生焰烈。康熙甲午、乙未間，諸番相傳述，或疑其誕。歲丙申三月，知縣周鍾瑄遣人視之，信然。石黝而堅，傍石之土燃焦如石。于是，好事者多往觀焉。顧山徑險阻，攀藤扶石而上，非有濟勝之具，不能至也。

火泉詩云：

玉案山後泉，終古熇光氣。陰陽恣亭毒，變化徵道費。蟬蜎朝自明，瞟眇昏尤熾。勢争赤曦烈，焰破玄雲黷。驅蛇競奔逃，放鱉忽可饁。蛟龍不安窟，夭矯遊霎霴。緑烟噴摧枯，朱爓攢投卉。常虞萬斛源，澆沃蝕之既。胡爲公抗行，不復避所諱。諸番近炙灼，嚴若强禦畏。已驚神鬼焦，敢別鹹苦味。熺炭烔泉重，陰炎燔海沸。茫茫居大塊，疇能齊萬彙。怪生少所見，俯仰舒長喟。

火山，在諸羅縣治貓羅、貓霧二山之東。山之上，晝常有烟，夜常有光。在野番界內，人跡罕至。按鳳山邑志云：「赤山一名火焰山，時瀵湧出火。」問諸土人，則至今無有，殆今昔有異歟？

火山詩云：

貓霧接貓羅，二山若聯甀。其東競巊溟，破瘴青烟舉。入霄勢尤熾，光射倭人艫。想像垠崖交，磊落焆炰聚。獨脚走且僵，安問麏與麈。石崩激砰磕，枯欹壓宋柱。獰飈倐蕩簸，轉瞬添焦土。蘊隆朱爓窟，諒有千歲鼠。修毛拔象茸，焱焱光騰杼。織成火浣布，被服驕强禦。茲山神靈閟，有路不敢取。異物幸絕傳，諸番免囹圄。

雞籠山，在彰化縣治。臺地氣候，南北迥殊，北境冬寒，與內地無大異。茲山爲北境盡處，山大而高，下逼巨海，名爲大雞籠。至冬，常有積雪，臺人取以列郡治八景焉。又有小雞籠嶼，突浮海中，上有砲城，荷蘭時築，今遺址尚存。按諸羅志云：「僞鄭入泉州，竄楊明琅等眷屬於雞籠城。」明琅，崇正間翰林[一]，甲申之變，明琅降賊，嘗乘馬過梓宮，揚鞭而指之曰：「此誠亡國之君也。」聞者惡之。副使高拱乾有鷄籠山詩，甚整麗。

鷄籠山詩云：

維水之所歸，星辰恣蕩潏。大地一巨島，矧茲千里凸。要之南北殊，亦自寒燠別。鷄籠北境盡，聞有照海雪。未隨瘴銷鎔，長留寒凜冽。蛟鼉凍跼縮，魍魎避澄澈。遡初纏世網，靈臺漸磨滅。催迫羲車奔，昏迷斗柄斡。百年音過耳，一逝箭離筈。家山當嚴冬，皚皚沁肌骨。冷逼町畽隘，僵卧扃闢閉去聲。可憐堆瓊瑤，烏能旋蹩躠。何如溟漲開，浩蕩霏玉屑。風姨快展布，滕六逞澆潑。氣侵凝碧宮，光射瀛洲闥。願賚濟勝具，跣踏萬壑潔。目睛刮翳障，臟腑洗污涅。剖開蒂芥胸，還納團圞月。丹田沃神泉，天鼓叩清越。安期挹咫尺，木公許參謁。刀圭一朝授，羽翼生俄忽。上乘萬里風，振迅鬖髿髮。遨遊蔚藍天，金殿踡雌蜺。玉女笑投壺，人寰驚列缺。確隤固無盡，靈芽亦不折。相與竟終古，安知時代閱。

【校勘記】

〔一〕「崇正」，即崇禎。此處爲避雍正皇帝名諱。

卷四　瀛涯漁唱（上）

尸位學署，岑寂無聊，泛泛隨流，跡近漁父。每有聞見，輒宣謳咏。因名瀛涯漁唱云。

鴻爪留泥盡偶然，此生何意到瀛壖。彼蒼憐踢溪航小，放眼滄溟十丈船。

海舶大者長至十数丈，次亦不下十丈。

内地安知絶海濱，車行千里響轔轔。却思他日青齊路，輸跡縱横撲面塵。

臺地平衍，負載皆用車。

番疆物類信難齊，炎帝圖經失考稽。頗怪草名三脚鱉，争傳人畜五鳴鷄。

三脚鱉，藥名。五鳴鷄，大如鷓鴣，每漏下一鼓，則一鳴。

疑移海底潤猶濡，接幹交柯色自殊。四尺翻嗤石衛尉，遶籬盈丈緑珊瑚。

緑珊瑚，木名，一名緑玉，種出呂宋，無花，葉高可丈餘，色深碧，宛似珊瑚，民居多種之。

鳴蟹幾日弔秋菰，出網鮮鱗腹正腴。頓頓飽餐麻虱目，臺人不羨四腮鱸。

麻虱目，魚名。狀如鯔魚，細鱗。産陂澤中，夏秋盛出。臺人以爲貴品。

争似柯亭異響傳，嘉名肇錫豈徒然。夜凉風起戛蒼玉，仿佛秋堂鳴七絃。

七絃竹，以皮間凸起七條如絃，故名。

入市果憐梨仔茇，垂簷花薄貝多羅。世人臭味應難識，一種差池可奈何。

梨仔茇，即番石榴也。其氣臭甚，不可近。土人以爲珍果。貝多羅，土人名爲番花，開時未有過問者。

菊名獻歲蕊含黄，點綴籬間異様香。微雨淡雲風景好，早春猶認是重陽。

獻歲菊，立春始開。

曉起青青展嫩芽，淡黄乍變正棲鴉。繩床夜半不成寐，香撲一簾鷹爪花。

鷹爪花，初開時青色無香，至晚轉黄色，香同鳳梨。

番蒜新收暑雨時，青虬卵剖滿林垂。瀛壖自重蓬萊醬，應笑嵇含狀未知。

番蒜，一名檨。大者合抱，葉濃，花淡黄，結實初緑，久則漸黄。臺人以糖醃之，名蓬萊醬。

栩栩風摇番蛺蝶，依依露濕雪鴛鴦。任渠艮嶽收珍異，省識名葩出大荒。

番蝴蝶，花高盈丈，色内紅外黄。雪鴛鴦，葉似鹿葱，花潔白，夜開有香，一名月下香，晝則斂蕊如玉簪。以開時蒂必雙出，故名鴛鴦。

尚剩差池兩翼舒，陰陽變化費躊躇。牛哀爲虎休驚怪，試看撲燈飛藉魚。

飛藉魚，有兩翼，疑沙燕所化。漁人俟夜深懸燈以待，乃結陣飛入舟。

揉葉移時炫彩霞，鳳仙從此減聲華。玉臺更合添新咏，别有東寧指甲花。

指甲花，樹高丈餘，枝條柔弱，葉如嫩榆。搗以染指甲，色同鳳仙。花白色，朵細，香甚清。

牡丹曾號玉樓春，不道梔花譽望新。漫説齊名真忝竊，李衙終讓杜陵人。

百葉黄梔花，一名玉樓春。

西望家山倍惘然，怪風盲雨度殘年。花名含笑知何意，藥解相思亦可憐。

含笑花，五瓣，淡黄色，班節。相思，藥名，狀類薄荷。

蔓葉包灰細嚼初，何殊棘刺强含茹。新秋恰進檳榔棗，兩頰浮紅亦自如。

臺地檳榔乾即大腹皮，裹以蔞葉、石灰，食之刺口。惟初出青色大如棗者，名檳榔棗，不用蔞葉，惟夾浮留藤及灰食之，甚佳。

柴門五月滿蓬藜，閒把光風細品題。最愛千枝光照海，龍船花發四眉啼。

龍船花，又名赬桐。高不盈丈，葉似桐花，紅如火，一莖数十朵，五月競渡時盛開，故名。四眉鳥，狀微似畫眉，兩眉各有二白紋。

果號菩提薦玉盤，乍疑盧橘蔟團團。故鄉隔海音書斷，蠟裹無因寄一丸。

菩提果，一名香果。花有鬚無瓣，白色，實如枇杷，鮮青熟黃，狀如蠟丸。

空思吳下摘楊梅，不見葡萄碧映苔。齒頰濺酸差强意，臺疆六月熟黃來。

黃來，又名鳳梨，臺地六月熟。

院匝清陰愛刺桐，新英受庇長芳叢。惟應雪色𠺕吧鴿，相映閑堦白剪絨。

臺地有白鳩，通體潔白，或呼爲番鴿，云來自咬𠺕吧。白剪絨，花名，花瓣如剪。

想見如來紺髮鬖，荷蘭移種海東南。誰知異果波羅蜜，別有佳名優鉢曇。

波羅蜜，樹高数丈，葉如蘋婆花。實難得，或以刀斫之，則實，實生附樹幹，大如斗，皮似如來頂，種來自荷蘭。

月類金盤墮海西，長廊深夜獨扶藜。蘭香舊畹名鷄爪，黍泛新醅號鴨蹄。
鷄爪蘭，一名賽蘭，開於夏秋之間。鴨蹄黍，穗似鴨蹄，釀酒甚美。
溽暑薰人困欲迷，堆盤冷沁釋迦梨。消除下土塵埃净，便接蹦跌身毒西。
釋迦梨，實大如柿，碧色，味甘而微酸，一名番梨。
炎方入夏太郎當，空想冰盤沁午涼。惟有傾翻椰子酒，從教一飲累千觴。
椰子，樹高數丈，直上無枝。結實大如瓜，内有漿，如酒味。
草木隆冬競茁芽，紅黄開遍四時花。何須更沐温湯水，正月神京已進瓜。
臺地西瓜，有種於八月，成於十月者，用以充貢，正月至京師。唐王建詩云：
「内園分得温湯水，二月中旬已進瓜。」
擘紅無復果園開，空憶明珠出蚌胎。忽見堆盤成一笑，海航新載荔支來。
臺地不産荔支，皆載自内地。憶在永春王氏園中飽餐，相距已二年矣。
弱蕊柔莖倚架牢，偶然拔擢出蓬蒿。先生命比黄楊厄，羞問花名節節高。
節節高，葉及花微似胭脂而差小，枝莖細弱，每開自本至末。邑志未載。
茁白新抽暑月嘉，盈筐買就净無瑕。兒童拍手從旁笑，錯認漁人海豆芽。
海豆芽，介屬，形扁，殼緑，吐尾潔白，類豆芽。予初至臺，見之以爲真豆芽也。買而烹之，味腥不可入口，聞者笑之。

乍看草木自扶疎，那識根蟠背脊餘。悔吝動生安足怪，世間到處海翁魚。

海翁魚，即海鰍也，大者重至五六萬斤。赤嵌集云：「瀕海有小山，草木叢生，樵者誤登其上，小山倏轉徙，不知所之，蓋海翁魚脊背也。」

春丁偶爾剩腥羶，鼠輩翻盆鎮攪眠。徑欲驅除盡夜半，瑯嶠奔馬聘烏員。

瑯嶠山，生番所居，産猫。形與常猫無異，惟尾差短，自尻至末，大小如一，咬鼠如神，名琅嶠猫，又名番猫，頗難得。

凌晨香氣沁重衾，遠夢難成思不禁。欲向花前問消息，家山西望海雲深。

刺球花，枝幹多刺，花黄色，而朵小，細攢如絨。每露氣晨流，芬香襲人。冬月盛開，人家籬落多植之，一名消息花。

海族漁人浪品題，一時傳播信無稽。青紅便號鸜哥様，拳縮何關新婦啼。

鸜哥魚，嘴紅色，週身皆緑。新婦啼，亦魚名，甚鮮美。漁人以烹時舉體拳縮，如新婦畏見姑之狀。

五瓣巒花擢素芳，渾如珠琲遶叢粧。任從居士躭禪寂，無那撩人七里香。

七里香，木本，一名山柑。花叢生如柑，五瓣，色白，香氣可越数十步，與芸香草名七里香，名同而族殊。

聞道花田志粤村，海東喜見雪争繁。春風已過二三月，日永閒庭空閉門。

素馨花，藤本，多延緣竹木，花白如雪，二三月盛開，至四月而歇。

草草銜盃旅舍中，揚塵眯目鎮濛濛。插萸空有登高興，不奈朝來九降風。

九月北風初烈，或至匝月，名爲九降。他月颶多挾雨，惟九降無雨而風。

紫花如盎映山椒，結子垂垂像翠翹。消渴夜深難禁制，金莖流露進牙蕉。

牙蕉，即甘蕉。結子每莖百餘，始緑，熟則黄，味極甘美。

終歲侯鯖絶冷厨，索居雖暇誚吾吾。朝盤快剖沱連莢，雙角山前見緑珠。

沱連，形比常豆爲小。子嫩緑，圓如蚌珠，味極甘美。郡邑志未載。

戴殼含漿逐海波，千形萬彙種紛羅。好尋漁父傳覼縷，細展烏絲譜蚌螺。

在府治見漁人載蚌螺兩巨筐，進巡臺御史署名狀詭異，正難更僕数也。

栽成如栅阻牛羊，誤認黄梨遶道旁。青實遍簪番婦髻，却憎重價購都梁。

菻荼樹，類鳳梨，高至丈餘，結實酒盃大，青色。番婦取簪髻，以爲香勝都梁。

土人籬間植之，牛羊不得入。

不識瀛壖草木衰，秋光漸近肅霜期。東皇海外無拘管，又見迎春再放時。

迎春，又名玉蘭。内地正二月開，臺地北路七八月亦開。
鼉梁跨海遡秦營，茲地曾經望窈冥。祇爲蓬壺三島近，至今有果號長生。
長生果，即落花生也，又名土豆。
瓜蔓延緣上板扉，流螢元夜弄輝輝。非關腐草當春化，直是淹留不肯歸。
正月冬瓜蔓生，螢火夜出。
寧比瑶塘稱並蒂，漫依玉砌詡交枝。惟應呼作綢繆草，免使佳名混澤芝。
交枝蓮，藤本，花五瓣，白色，其藤互相縈繞。
亭亭青節肖篔簹，麵吐霏霏勝栗黄。翻笑廣文食不足，日寬圍帶望桄榔。
桄榔木，似椶樹，有節，似大竹。樹杪挺出數枝，開花成穗，結子如青珠。皮中生粉，赤黄色，如麵，可食。
漫道龍宫出秘方，靈虚殿邇路茫茫。蠲除瘴癘輕盧扁，覓得岡山三保薑。
臺灣志略云：「明太監王三保植薑岡山上，至今尚有産者。有意求覓，終不可得，偶得之，可療百病。」
濫竊南枝姓氏同，飄零長恨五更風。一叢開放遽如許，問日前庭始可中。
午時梅，午開子落，又名子午花。

微蟲變化側根麤，珍重臺人號蔗姑。争似坡公羇嶺嶠，賦成蜜唧笑胡盧。

臺地多種蔗，蔗根有蟲，形類鼠婦，土人珍之，加以油炙，名曰蔗姑。

龍鍾番叟鬢成絲，逝去流光總未知。不解絳人書甲子，黍收惟記一年期。

土番不知年月生辰，以黍收爲一歲，或以刺桐花開爲一歲。

瓜小庖厨進未堪，連宵露白氣初涵。猩紅摘下供書案，合配黄來佛手柑。

金瓜，葉幹同茄，花五瓣，淡紫色，結實酒盃大。有初白後黄者，形員而長；又有猩紅色者，形扁，皆可以供玩。

中虚仿佛此君容，樹號婆羅世未逢。鑿就團團置髹几，詰朝便册管城封。

娑羅樹，中空，四圍摺疊成圓形，花紋斜結，如古木狀。土人製就，以爲筆斗。

卷五　瀛涯漁唱（下）

霜後餘荷尚貼錢，舊雷長是接新年。陰晴十月渾難定，好似江南梅雨天。臺地十月間有時乍晴乍雨，或日中下雨。彷彿如內地熟梅時。

匆匆寒暑類驚湍，又見青青辣芥盤。節氣剛逢六月朔，麯紅搏就半年丸。辣芥菜，以六月時有，亦名六月菜。臺俗以六月朔或望日，家雜紅麯于米粉爲丸，曰半年丸。

八足雙螯出水潯，君謨誤食笑難禁。不知許事自佳耳，且食滄溟斗大蟳。蟳，蟹屬之大者，亦名蝤蛑。臺地有大至尺餘者。

佳名忝竊擅番疆，照耀群分曉日光。爭似法曹年正少，漫誇譽望出扶桑。

扶桑花，一名佛桑花，深紅色，五出，大如蜀葵，乃木槿別種也。

衍就波提十萬偈，偶拈花笑脱言詮。法華寺裡剛留種，來自牟尼忉利天。

曇花，六出，色純紫，高五尺許。府治法華寺有数本。僧云種來西方。

强稱此宅爲吾有，那識消沉向此中。若見鸚螺應一笑，諸君盡屬寄居蟲。

寄居蟲，臺地呼爲寄生。異苑云：「鸚鵡螺常脱殼而朝出，則有蟲如蜘蛛，入其殼，戴以行，夕返，則此蟲出。」庾闡所云鸚鵡外遊，寄居負殼者也。

投贈曾聞賦衛風，鑾州種別幹如銅。了無香味傳書案，濫竊烏欄正未公。

番木瓜，樹幹亭亭，色青如銅。花白色，生杈椏間。瓜凡五稜，無香味，土人用鹽漬以充蔬。大明會典：「宣州歲貢烏欄蟲蛀木瓜，以入御藥局。」

難鑽七十二縱横，蹢躅元夫海岸行。爲有文章如玳瑁，便邀五鼎事煎烹。

鼂鼊龜，四足漫胡，無指爪，常從海岸赴山凹伏卵。人伺其來，尾而逐之。其甲可亂玳瑁，亦用以飾物，但質薄而色淺。

別饒節凸雪霜姿，戴譜分宗尚未知。移得一叢佛眼竹，朝來便置越州甆。

佛眼竹，即人面竹，高四五尺，節密而凸，宛如人面。

角黍懸蒲俗共誇，漫驚踪跡滯天涯。海東五日標新樣，兒髻環簪虎子花。

虎子花，一名月桃。花黄白色，倒垂，一莖可数十蕊，香甚濁，五月始開。端午日取其葉以包角黍，摘花插小兒髻上。

東鄰釀熟夜相招，瀲灩長盈貯月瓢。任彼伯倫頌酒德，不堪苦口進糖燒。

臺地無佳釀，土人將蔗熬糖訖，以其渣釀爲酒。酒百斤，米不踰数升，名曰糖燒。味極苦，不堪入口。

不見飛花似雪飄，惟餘莿竹伴無聊。驀逢一樹河西栁，遠勝隋堤千萬條。

臺地物産，載有河西栁，然未嘗見也。予在道憲署，止見一株。

乘興飄然渡海東，便思大嚼出厨中。那知蕉鹿終成夢，食指長慚誤子公。

臺地鹿雖多而街市無賣者。凡官臺三年任滿，未嘗生鹿一臠，不獨學署窮員也。

子菜初生漾碧漪，金鴉南至翼低垂。瑯嶠山下施罛集，正是烏魚大上時。

紫菜以子月生海中，故一名子菜。烏魚，形似鯔，每歲冬至前自東海來，聚鳳山瑯嶠山下散子，以億萬計。大者五六斤，小者一二斤，味甚甘美。腹有魚子，膩滑，性能敗血，有血症者忌食之。

無酒東來倍愴神，鵝黄新造味清醇。朝來漉就光浮盎，何減滎陽土窟春。

初至臺，苦無酒，而内地所載紹興酒，價甚昂，非窮員能購也。同僚林霞海教以釀酒之法，試之甚佳。

夜半丹霞照海澨，滄溟日出氣清新。世人狎視黄金橘，那識扶桑地大輪。

極西云：日輪視地輪爲大。

簪奈都人漫共誇，未知異品出天涯。惟應蔣詡新開徑，合種東瀛三友花。

丹鉛録云：「晋書都人簪奈花，即今茉莉。」臺地有番茉莉，另爲一種，花徑寸，每開百餘瓣，望之似白菊。既放，可得三日，不似内地茉莉晨開暮落也。一名三友花，一名葉上花。

漫訝飛霜暑路中，舳艫貨殖倍三農。海東千畝饒甘蔗，何啻人間千户封。

糖之息倍於穀，臺地富户，每歲貨糖吴越，所息不貲。

高士心棲不二門，興亡坐閱似晨昏。壇南数畝閑花竹，道是當年夢蝶園。

龍溪李茂春，明季鄉薦，竄居臺永康里，題所居室曰夢蝶園，在府治社稷壇南，日誦佛經自娱，人稱李菩薩云。

緬想渡江歌阿童，何如元幹乘長風。只愁颶作鯨波惡，但占天邊屈鱟虹。

凡颶將至，則天邊斷虹先見一片如船帆者，曰破帆。稍及半天如鱟尾者，曰屈鱟。

新醪剛熟舞婆娑，方丈筵陳百不多。買就管豪困蠹縮，可憐王約奈癡何。
竹鼬，土人呼爲管豪，寫豪字作貆。
誰云羇客坐無聊，姬侍横陳伴寂寥。青佩遍垂裙帶豆，朱顔紛坼美人蕉。
裙帶豆，子黑莢緑。
姹李夭桃競放顛，家山習見未爲妍。番薑壓樹暹蘭吐，一日還欣見二賢。
番薑，木本，種自荷蘭。開花白瓣，實緑，熟則赤，形尖而長，中有子辛辣。暹蘭，即樹蘭，花細碎如黍，色黄，以種出暹羅，故名。
生同庶草碧離離，却號含羞爲阿誰？遥想甬東辭老日，九原無面見鴟夷。
含羞草，葉生細齒，觸之則垂，如含羞狀。
隆冬单袷汗仍流，微雨纔零便似秋。誰信颶風三日作，炎方六月御羊裘。
臺地隆冬有時如暑月，值颶風作，則六月御羊裘。
玉延刀切勝瓊瑰，長記花臨五月開。別有細抽番薯好，漫傳嘉種自文來。
番薯有赤、白二種，生熟皆可噉。臺海採風圖云：「有金姓者，自文來携回種之，故亦名金薯。」
諸番鎮日射伊尼，竹箭藤弓每自隨。僕谷顛阬寧敢悔，祗緣辛苦覓胎皮。

胎皮，即鹿之胎者。臺人貴之，頗難得。

解籜聲清迴不凡，欲餘玉版餞巉巖。千頭觳觫穿林出，味苦難禁太守饞。

臺地竹筍，四時皆有，然味苦不可食。

迎風灼灼照窗櫺，潘縣翻同渭畝名。誰料此君遽如許，何殊靖節賦閑情。

夾竹桃，一名俱那異，一名半年紅。

新鸝幾日囀高枝，碧蔓糾纏遶架垂。細雨斜風寒食過，四英含蕊正離離。

四英花，藤本。春末開花，瓣小而白，香甚清。

翠蓋團團小葉青，萬花攢蔟弄芳馨。炎州不識冰霜厲，看取盆開潑雪形。

潑雪，一名噴雪。葉深碧，開小白花，每開以千百計，乍望如雪，故名。

漫稱膏壤事耕深，再熟田疇力不任。惟有東西二港地，小春時節出秧針。

臺地稻止一熟，惟鳳山東西港間有再熟者。早冬種於十月，收於三四月，亦惟東西港可種。

熟番形貌肖猿猱，漸製衣裾慕勝流。但羡唐山無限好，安知文物萃神州。

熟番歸化既久，男女服飾同於土人，但兩晴稍圓爲異矣。番人謂内地爲唐山。

青州從事出遐方，照座渾如琥珀光。珍重数杯啊吼酒，頽然成醉遇周郎。

啊吼酒出外洋，味甘醇，色如琥珀。不敢多飲，以味醇而醉緩也。每瓶不踰四五斤，價至番銀四圓。

未堪皇樹斗聲華，磊落前庭亦復嘉。坐進一盤柑子蜜，何輸七碗玉川茶。

柑子蜜，果名，橘之類。形如彈丸，土人和糖以充茶品。

栩栩渾如蛺蝶輕，僊人手植號金莖。任教拗取盈頭插，未必蓬壺便列名。

金絲蝴蝶花，黄瓣，有鬚，狀如蝴蝶，一名金莖花。僊島有金莖花，語云：「不戴金莖花，不得列僊家。」

仄行郭索出滄溟，醜劣形殊鎮駭人。料得中書應罷食，將糖免使議門人。

鬼蟹，狀如傀儡。

彷彿滄溟見玉人，含茹珍重口生春。誰云分體吴宫裡，不及江妃羅襪塵。

論海錯之美者，首列江瑶柱，西施舌次之。臺地有西施舌而無江瑶柱。

弱羽灕褷似不禁，時人却號九皋禽。衹緣舉目無空闊，共此雲霄一片心。

隆冬時海渚盡出，有鳥類鷺絲，毛羽灰色，土人呼爲鶴，究不知何名也。

輕繒作袴白羅襦，那識家仍擔石無。明燭華燈喧夜半，分曹到處快呼盧。

臺地賭博，比户皆然矣。

寒暑乖違物候偏，蠻花隨意爛瀛壖。獨餘一事艱推測，不見蜂狂蝶放顛。

郡邑志物産皆載蜂蝶，予居臺地年餘，蜂蝶從未經見。

九瓣香從内地分，恰宜對酒吐氤氲。微官飄泊東溟遠，那得傳柑餽細君。

九頭柑，柑之佳者，載自内地。

誰把瓊瑶萬朵裝，未堪蹴踘築球場。揮毫難寫垂藤態，只合丹青付趙昌。

番繡球，蔓生，花白色，心微紅。

淡白輕紅逐隊分，安知蠶織事辛勤。倦抛綉綫無餘事，快嚼檳榔勝酒醺。

臺地婦女，不解蠶織，惟刺綉爲事。檳榔則日不離口。

常時微步踏莓苔，北舍南鄰鎮往回。水麝薰傳羅袖闊，非關寒食踏青來。

臺地婦女，好出遊，人執一傘遮蔽，傘995半開，衣袖約闊二三尺。

甘蕉舒緑藹如雲，花放惟應配茜裙。何事偏蒙君子號，固宜修竹出彈文。

蓮蕉似美人蕉，而花大数倍，其狀似蓮，其花從葉中抽出。

好是風和景物妍，野花盤髻勝金鈿。乍聞笑語來天半，番女輕盈戲渺綿。

番女有渺綿之戲，即鞦韆也。略如漢人之制，高可丈許，中以木爲舁，止容一人，繞梁旋轉如紡，上下可数十回。漢人效之，則暈而嘔。

南至陽生氣盡蘸，恨無飛雪點紅爐。團圞坐飲稱添歲，一幅昇平外海圖。

臺俗：冬至日，家作米丸，祝先禮神畢，卑幼賀尊長者節，略如元旦。合家團圞而飲，謂之添歲。

黌舍周遭任卓錐，庾郎鮭菜鎮相宜。東西壓架頒書遍，頃刻家成十萬貲。

儒官俸薄，日用不足，而貯頒書甚富。

生涯任運自蘧蘧，踪跡應如海上漁。安得廣張六百鈞，從教舉國飽鯨魚。

卷六　海東賸語（上）

額定鄉試中式

臺灣鄉試另廣一名，係提督軍務侯張公雲翼特疏准。自康熙丁卯科爲始，于福建鄉試正額外，另編至字號取中一名。是科中式蘇峩，庚午中式邑星燦，皆鳳山人也。康熙三十七年，總督郭世隆奏准撤去另號，通省一體勻中。以後三十一年，鄉試十二科，臺地無獲雋者。雍正七年，巡察臺灣御史夏之芳奏准臺灣貢監生員，仍照舊例另編字號，於閩省中額內取中一名。雍正十三年，巡撫盧焯奏准於本省解額外，不論何經，加增中額一名。乾隆元年，巡撫盧焯奏准恩科福建加中三十名內，臺灣於原額外加中一名。但臺地冒籍者多，中式多非土著。予查臺灣自乾隆癸酉至壬午凡五科，共額中十名內，惟癸酉科中式謝居仁一名係鳳山人，餘俱屬內地。乾隆二十八年，巡臺滿御史永公慶、漢御史李公宜青至臺，臺地紳士以額中虛冒其名，聯名進詞，願撤去另號，一體匀中。二巡臺不允所請，但面諭道、府、縣嚴禁冒籍，其源既清，則其弊自止。二公寔能善體國家栽培海外至意。李公加意督課，諸生詩文皆手自批閱，諄諄不倦。幾忘憲體之尊，而篤師生之誼，多士頌之。李公江西寧都州人也，乾隆丙辰進士。

臺灣書院

臺灣府治内有二書院：一曰海東，一曰崇文。海東舊書院在府學西邊。乾隆二十五年，覺羅四朗亭公復創立新書院於臺灣縣學西首。崇文舊書院在府治後，今已頹毀。覺羅四公爲府時，創立新書院於府署東首。海東書院督課，道主之。崇文書院督課，府主之。二十九年正月，予蒙覺羅四公諭、府貴陽蔣公召，掌教崇文書院。舊例書院掌教，凡係屬員，則道府發牌委掌其事。予蒙道府優禮，不行委牌，特用聘儀，寔異数也。臺、鳳、諸三邑無書院，惟彰化立白沙書院。

粵籍

臺地居民，泉、漳二郡十有六七，東粵惠、潮二郡十有二三，興化、汀州二郡十不滿一，他郡無有。風俗飲食器用，同於泉、漳、惠、潮，居民亦准考試，分其卷爲粵籍，四邑與焉。遇府道試，合四邑、粵籍取之。入學八名，隸臺灣府學，但無廩膳。三年鄉試，亦不與焉。

陳清端

雷陽陳清端公觀察臺灣時，常巡淡水。往復一千四百餘里，自持糗糒，携小帳房以隨，露宿風餐，不入邸舍、不受餽獻。每食惟一飯一蔬，或捐囊市酒肉，以犒徒御。不設儀衛，寥寥数人。道旁觀者，莫不咨嘆。公始任福州古田令，予在德化時，有同僚李陽光者，即古田人，年八十餘，猶及見公，言公治縣時，每日清晨，門役剖龍眼七八顆，以湯沃而食之，即聽訟至暮。公之介節，人人所知。而其腸胃之異，亦若天特生之，以默相玉成耳。

蘭波嶺樹

鳳邑南路蘭波嶺，有樹三株，狀類烏榕，不知其名。皆大十数圍，三樹相隔各二丈餘。其末枝柯合爲一本，葉蔭数畝，豈相思連理木之類歟？

蛇草

鳳山有蛇草，狀如波薐，蛇傷煎泡酒服立愈。唐李衛公詩云：「愁衝毒霧逢蛇草」，若以蛇草爲不敢近，殆別爲一種歟？抑以蛇所經過，毒涎草上，人畏近之，故名歟？

松樹

臺鳳二邑未見松樹，或云傀儡山及北路上淡水諸内山有之。聞有貨松根茯苓如斗大者。諸羅志云：「水沙連山松大者深山自老，不可致，子可取種而爲秧。松子落處，小松生焉，移植即活。若近山莊舍，購于土番，植之数年，相傳漸廣，用作宫室，較雜木易朽者相懸也。」

水沙連茶

水沙連山在諸羅縣治内，有十番社。山南與玉山接，大不可極。内山産茶甚夥，色緑如松蘿。山谷深峻，性嚴冷，能却暑消瘴。然路險且畏生番，故漢人不敢入採。土人云：凡客福州會城者，會城人即討水沙連茶，以能療赤白痢如神也。

鴉片

鴉片出外洋咬𠺕吧、吕宋諸國，爲渡海禁物。然私藏者多，不能制也。臺地富室及無賴人多食之以爲房藥，可以精神陡健，竟夕不寐。凡食必邀集多人，更番作會，鋪席於地，衆偃坐席上，中燃一燈以食，百餘口至数百口爲率。烟筒以竹爲管，大約八九分。中寔椶絲頭髮，兩頭用銀鑲，頭側開一孔如小指大，以黄泥做成葫蘆，空其中，以火煆之，嵌入頭間小孔上。置鴉片烟於葫蘆首，烟止少許，吸之一口立盡，格格有聲。飲食頓令倍進，日須肥甘，不爾腸胃不安。初服数月，猶可中止。至服久，偶輟則困憊欲死，卒至破家喪身。凡食者面黑肩聳，兩眼淚流，腸脱不收，行於道路，人能辨之。土人云：有食鴉片烟者，後貧寠，不能食，僕於道上，氣息虚無，宛如死人。有知之者，吸鴉片烟数口，使其氣觸入鼻内，頓能起立，再與烟吸数口，筋力如常，毫無病態矣。予嘗有詩云：鴉片出外番，實爲中夏厲。乍服筋骸强，窮慾日夜繼。列坐盡狂且，會食無終始。樺燭爛熳燃，妖姬左右侍。相聚欝不散，爲疹干天地。遂令閭閈間，長横蝃蝀氣。國家雖厲禁，猾賈敢私市。脱略錙銖投凡初食鴉片，賣者不取錢，覬覦萬倍利。浸漬既已深，俄頃不能置。朝餔兼羊牛，夕啖竭廩餼。家傾黄白金，輦載邱陵積。投入無底阱，空洞仍深閟。中道悔愆尤，久已移腸胃。委頓四肢頽，昏迷雙眼翳。至竟囊槖空，立成餓莩斃。人生固爲難，胡忍速死計。相效遂慆淫，甘心罔疑忌。深辜受髪膚，哀哉空畢世。

水母

水母，閩人謂之蛇，又謂之蜇皮。其形乃渾然一物，有知識、無口眼，故不知避人。蝦寄腹下食其涎，蝦見人則驚，此物亦隨之而沉。産臺地者，瘦小不堪食。鹿耳門内甚多，淡紫色，狀如覆杯。下有物摇曳如縣絮，俗謂之足。往來浮沉，捕之，則所謂足者縮入。越絶書云：「水母蝦爲目，海鏡蟹爲腹。」海鏡，廣人呼爲豪菜盤。嶺表録異記云：「海鏡飢即蟹子走出。以腹中有小紅蟹子，其小如豆，頭足俱備，及出食，蟹飽歸腹，海鏡亦飽。」海鏡一名璅琣。郭璞江賦：「璅琣，腹蟹。」抱朴子：「蟹不歸而琣敗。」琣恃蟹以爲命，不可一日無也。

海道

臺地四面皆海，可以四達。東南至呂宋，海道七十更。東北至日本，海道七十二更。而至臺海舶，不許通外洋，惟載臺地物産，往吴、越貨賣，然必回船抵厦門納税給票，方許放洋。迨海舶回載，亦如之。其市於外洋，悉係内地海舶，而納税給票准此。外洋諸國，惟咬嵧吧最遠。咬嵧吧即咖嵧吧。予在德化時，有諸生陳洪照者，博學善屬文，以貧寠曾附海船，客咬嵧吧五閲月，著吧遊紀略一書，所載海道，甚爲詳悉，附録於後：

「厦門至咬嵧吧，海道二百四十更。初放洋，舟西南行三十六更，至七洲洋，茫無島嶼，爲通西洋必經之道。隆冬之際，北風迅發，至此暖氣融融，人穿單衣。中外之界，自此分矣。乃具牲饌、籠金錢，陳于木板，投諸海面焚之，以禮海神。繼鳴金鼓，焚楮帛，以禮所過名山之神。既過七洲洋，是爲外羅之山。有鳥焉，白羽尖喙，其大如鷄，中尾一羽似箭，長三四寸，名曰箭鳥。是鳥也，見有人至，則回翔於其上。過外羅山，是爲馬鳴嶠。由馬鳴嶠順風三日，至烟筒大佛山。山環列，嶂中一山有石突出，遠望如人立其巔，非風利不得過。舟行至此，先以木板編竹爲小船，帆用雜色彩紙，陳牲饌、香燭、金錢以祭。祭畢，將牲饌等物置小船中，放諸海以厭之。其小船瞬息前飄不見，則過此平安，謂之放彩船。過烟筒大佛山，至廣南赤嵌山，其山色赤如赭。過赤嵌山爲覆鼎，過覆鼎爲羅源，過羅源爲東西竹，過東西竹順風三日至崑崙洋。洋中有山，名曰崑崙。前列三峰，後列三峰，其洋小於七洲。每海舟回時，正當夏月，常起鼠尾。鼠尾者，天際雲氣一點如黑子，須臾，黑氣一線直上，猋風暴雨卒至。所謂往怕七洲、歸怕崑崙也。海舟往時，當冬春之際，可以無慮，然必設饌祭如七洲洋。過崑崙洋爲麵飳嶼，過麵飳嶼爲猪母頭嶼，過猪母頭嶼爲短腰嶼，過短腰嶼爲長腰嶼，過長腰嶼爲琴七星嶼，過琴七星嶼爲地盤。自崑崙洋至此，皆不見有大山，惟認海中浮嶼爲水道行程，舟行晝夜無住處，離嶼常須数里，恐嶼石斜伏水中隔礙也。由地盤順風二日至峽夾峽。兩旁樹木，生於海底，大者数十圍，皆直上無拳曲，其高低分植，如手分置。舟行中央，相去僅一二里許。樹間猿鳥飛騰上下，依稀可見。入峽至出峽十五更，峽中時有浮土，土盡塗泥，海水深不過七八丈或五六丈。夜則下矴，不敢行，懼入淺而舟膠也。出峽十二更，至三立洋，設牲饌祭如前。

過三立洋三更，至王嶼。嶼築小城，緣邊植樹，和蘭藏貨物之處，夾板大船之所泊也，番兵鎮焉。又一日，至咬𠺕吧海港。自海港至城十餘里，望之不見雉堞。惟于緑樹陰末見飛樓層閣、金碧掩映而已：蓋殊方一大都會也。其地東南阻海，西北依山。山悉平衍，城内外掘地数尺即水。水與地平，不溢不涸，澄然而清，味臭惡，不可食。其所食水，係汲諸山中泉始出者，載之以舟，因而買之。衣服藏箧笥，置楼上，十日失晒曝，則蒸濕氣。土帶沙礫，雨過輒乾。少時不雨，通衢之地，車馬走集，塵漲如霧。夾山流水，謂之溪港。港流甚大，源不知遠近。環城内外，導達溝渠，紆回曲折，縱横成十字。市廛民居，密比如櫛。東西對向，人皆背水而居。地暑濕，多癘疫。其俗晨興則浴港中，晚亦如之。子生三日，母抱子浴於港，俗謂水爲藥。其氣候冬至日長、夏至日短，雷發不震，北斗隱而不見。無大寒暑，惟夏月稍熱，冬月則暖。冬至以後，則降霖雨，謂之和蘭。春乃種五穀，既種之後，不溉不耘，穫則剪其穗而揉之。實皆堅好，歲止一熟。此田既穫，乃種他田，周而復始，歲率爲常。惟麥不生，以其地氣暖也。蘿蔔花而不實，種皆載於中國。阿樣子始花，收其液如椰液，可以釀酒。椰有黑白二種，樹如椶，一幹直上，有葉無枝，高丈餘，栽之成行，以竹架其上，始花，截其莖，承之以筒，夜有液如乳，墜筒中，味甜，以釀酒。花成實可生食，内有漿滿腹，渴，飲之生津。其地多椰，番人謂椰爲咬𠺕吧，故以名其地焉。其豕多赤，其牛多白。往時咬𠺕吧自爲一國，明季並於和蘭，今王爲和蘭人。王在和蘭，咬𠺕吧之地止命酋長鎮之，亦稱爲王。遡和蘭立國至乾隆十四年己巳歲，乃一千五百四十九年也。和蘭至咬𠺕吧所歷之國：東洋，其國有海而無鹽，和蘭市之，利百倍焉。西洋，其國街市盧室宛然，而不見有人，往市者以所貨之物書價置其室，越夕，取去貨物而置布焉，不售者貨仍在，其布方廣丈餘，縷細如髮，和蘭富人以爲送死者裹衣，云其尸不腐。」

清明

府治東北二門外，墳塋甚夥。墳上石碑，必書載内地郡邑里居，後列姓名。每歲三月清明日，民家合宅男女，邀集親戚上墳，祭畢則聚飲墳上。而輕薄之徒，亦借名遊觀，人跡麋至，以千萬計。是日，例撥佐雜一員，武弁一員，領衙役兵丁鎮壓，以防惡少滋事。

子午花

子午花，草本。葉似葵，花似梅，色紅，午開子落，其種來自毗户沙圖，一名午時梅。予於漁唱已成一長句，因愛其名甚佳，復成二七律：

絳雪日中散滿枝，何年毗户遠根移？癸辛稱里應難繼，子午名花恰合宜。曉起園林猶寂寞，夜凉階砌已離披。欲知開落無差誤，看取猫睛一線垂。其二云：名冒西湖處士家，午窗睡起炫頳霞。朱英乍拆潮初上，丹跗纔零月欲斜。祇合壽陽粧晚額，未容内史賦朝華。榮枯暗合先天事，侵曉狂蜂浪自譁。

琉璜泉

駐防臺灣水師遊擊宗人廷謨云：常遊上淡水，有一山出琉璜。山上有泉，約寬数畝，人遠望水滚起如沸湯，約高二三尺，不敢迫視，恐中其氣，或至立斃。諸羅雜記云：「玉山之下有温泉。泉上湧氣，蒸騰如沸，凡数處。」夫山出琉璜，斯下有温泉，亦無足怪。若泉上湧及沸高数尺，則諸書所未載。

臺竹

莿竹，狀類内地大竹，累生倒刺，大小不一，不走鞭，就根四圍迸笋，攢簇而生，幾不容罅。每生層累益上，巨根周圍蟠結，可以高至尋丈。臺地用以代城。按通雅云：「竻竹即李石所言𥯨竹，有刺而堅，村村以爲籓落。土人呼爲勒竹，或云棘勒，或云澁勒。」東坡詩：「倦看澁勒暗蠻村」。楊升菴以簩竻即澁勒，即係臺地莿竹也。又有長枝竹，一名鱟脚緑，可以製造椅棹廚床。又有空涵竹，高二丈許，圍二三尺，無旁枝，搆草屋用以爲桷。他若桂竹、石竹、金絲竹、七絃竹、珠籬竹、人面竹、椶竹，其類不一。而内地竹類，則臺地多未有。

冬寒

聞諸臺地未入版圖時，天氣甚煖。康熙二十二年平定其地，是冬，北路降大雪，寒甚。自後氣亦漸寒，雖有時隆冬穿单袷汗流，亦偶然耳。惟鳳山差煖。熟番云：「臺地寒由唐山人携來。」蓋諸番以内地爲唐山、人爲唐人也。地氣自北而南，有道徵焉。

鷄籠山

北路鷄籠山，係臺地極北境，在上淡水砲城東北境。相傳與福州五虎山相對，福州至上淡水海道八更。或云與福鼎縣上銅山相對，海道止七更。未知孰是。有把總某者云：「曾駐防上淡水，福州近海漁人，於五月初四日夜，網取海鱻，順風而渡，及曉，即至上淡水，以應端午節用。」

男女暴長

臺地男女多暴長，年十四五即如内地年二十許。諺云：「男九女十。」言男九齡、女十齡，天癸即通也。殆地居東方，生發氣盛歟？而本地長年者亦甚稀少矣。

龍目井

龍目井在鷄籠山麓，下臨大海，四周斥鹵，泉湧如珠，噴地而出，甘冽冠於全臺。或云荷蘭所浚。但其井相距府治千餘里，且生番出入之地，不能致也。雲南山川志云：「哀牢山下有一石，狀如鼻，二泉出焉，一温一涼，號爲玉泉。」貴陽山泉志云：「甘梗泉在平頭司石崖中，一源湧出，清濁分流，有似涇渭之狀。」是泉出之異，有難以理測者。臺郡他處泉味亦微鹹，而茶湯隔宿澄清。福州會城井水味微鹹，與臺地同，而茶湯頃刻色變，京城亦然。

垂瘤

予在府治，見一人左耳旁生瘤，大如拇指，瘤間垂肉皮二條，一長約四寸許，一長約三寸，皮甚薄，灰色，每條約闊一寸，質甚軟，狀如摺帛，因風吹動，人乍見之，不知係瘤所垂也。

日出

臺地東負崇山，日月所出甚遲，與内地無少異。昔人云：「海岸夜深常見日。」其地東臨海，乃有此景，臺地則無也。惟東來時於海舶見日出，其詳悉已載紀程，及丁内艱歸，送陳心齋教諭往臺灣，詩内亦言及日出事，附載於後：

東寧阻溟漲，寔爲九州外。滃濛際上下，渾合成大塊。我曾陵扶桑，一澣胸臆隘。沫噴倭人城，榜擊琉球汰。夜半觀出日，海氣添光怪。燒濤已如燭，平地猶昏灟。自從腰絰歸，似夢常悲慨。陳侯亦人豪，捐俗無纖芥。發春膺簡命，一舸飄行旆。安能追長風，同駕鯨魚背。

渡海圖

予初至臺，謁見府憲余寶崗公，公命題渡海、品古二圖。予承命賦就，蒙公嘉賞，寔深知遇之感。謹録詩附後：

聖代正域浩無垠，東西南朔置堠分。東寧沃區重海隔，昔隸荒服無由賓。聖人出世海宇乂，耕桑畜牧鳩吾民。睿思九重殷求莫，堂堂秉節來儒臣。鯨波萬里接暘谷，舳艫遠泛窮朝昏。馬銜海童胥戢影，海天一氣何渾渾。秦皇鼉梁徒誕説，玉局羽化應虚論。争如海若效順西颸作，飄同健鶻披層雲。蛋人珠户歌來暮，蘭橈桂櫂凌瀛濛。火雲夜半照天赤，開窗笑望扶桑暾。

品古圖詩云：

景山酒鎗葛氏鼎，往往中宵炫光影。廬陵集古録久廢，説與俗人渾未省。何來蘚紙爛青銅，誰其圖者東寧公。我公生具瑚璉器，與古草木臭味同。摩挲彝舟数十年，真贋到手分媸妍。閒齋夜夜虹貫月，奚減米家書畫船。高藤老樹西廊净，土花剥蝕深相映。呼僮凌晨時拂拭，清閟閣中無此艶。豐神蕭散顔渥丹，齷齪世士慵往還。誰識畫師槃礴意，置身日在商周間。

海翁魚

海翁魚，即海鰍也，皆屬胎生，大者如山。諸羅誌云：「後壠番社，有脊骨一節，高可五六尺，兩人合抱，未滿其圍。另有肋骨一段，大如斗。諸番以爲枕。」海槎餘録云：「海鰍乃水族之極大而變易不測者。梧川山界有海灣，上下五百里，横截海面，且極其深。當二月之交，海鰍來此生育，隱隱輕雲覆其上，人咸知其有在也。俟風日晴暖，則有小海鰍浮水面，眼未啓，身赤色，隨波蕩漾而來。土人用舴艋，裝載藤絲索爲臂大者，每三人守一莖，其杪分贅逆鬚鎗頭二三支於其上，溯流而往，遇則並舉鎗中其身，縱索任其去向。稍定時，復似前法施射一二次，畢則棹船並岸，徐徐收索。此物初生，眼合無所見，且鎗疼，輕漾隨波而至，漸登淺處，潮擱置沙灘，不能動舉，舉家分臠其肉，作煎油用，亦大矣哉。」述異記云：「海船至七洲洋，一夜陰雲晦昧，星月無光，忽有火山從後起，光燭帆上，如野燒返照，漸與船並，水工競以木扣舷，不絶響，約兩更次方隱，知爲海鰍目光，柁挂其體，捩柁横開，始得脱耳。」

屈大均云：海鰍身長百里，口中噴火，能吞巨艚。予往來厦南，聞諸土人云：每歲天后三月誕辰，必有海鰍來朝。或潮退偶困泥沙，土人取大木長数丈，直拄其口，競入腹内，割取脂膏数千石。及潮至，仍掉頭擺尾而去。

和蘭借地

荷蘭，一名和蘭，初至臺灣，借地居之，遂據有其地。吧遊紀略云：「和蘭初賈於咬𠺕吧，亦借地以住，後益熟，遂攻殺咬𠺕吧王。和蘭種類在咬𠺕吧者不滿四千人，悍鷙多譎計，諸夷慴服。自和蘭抵咬𠺕吧，帆海兩月可到，中國人不得至其國。其吧地有犯罪被流，安置和蘭，或遇赦放回，懼其按志水道，必沿海迂道，經歷所屬番島，五六月乃達咬𠺕吧焉。按：咬𠺕吧即係爪哇，其屬最衆，曰萬丹、曰井里悶、曰三把隴、曰井里吘哪頭、曰直葛、曰北家浪、曰貳怕嘮、曰爪哇林、曰南望、曰碣勒石、曰四里末嗄、曰望佳煞、曰安悶、曰萬蘭、曰蜩子蹄、曰瞿港、曰馬臣、曰末留齡、曰牛嶼等島，皆爪哇屬也。和蘭悉愚弄之，性癡拙，貪酒冒色，無長計，尤嗜鴉片。鴉片土産於和蘭，和蘭法制，國人吃鴉片者，罪死無赦。歲海運数百萬斤於咬𠺕吧，賣與諸番及異國人，以取其貨物，且毒害之。爪哇無男女，皆吃鴉片，故其人悉貧，無厚産，羸懦，怯於戰鬭。咬嵧吧並於和蘭，不能有所抗，則鵶片爲之也。爪哇之外，又有武兀、烏鬼番、過水諸雜番。武兀性懦馴，殖穀負販，習技自給。咬嵧吧之俗，屋皆層樓，人居樓下避暑。惟武兀之番，室内架木而處，故俗謂之蜘蛛番。烏鬼番膚黑如墨，所居之屋，塗以牛糞。性桀黠，和蘭用之爲爪牙。凡查票差役、左右護衛及各處鎮兵，皆此類也。」

卷七　海東賸語（中）

臺錢

臺地用錢，多係趙宋時錢，如太平、元祐、天禧、至道等年號。錢質小薄，千錢貫之，長不盈尺，重不越二斤。土人云：「康熙二十二年既定臺灣，土中掘出錢千百甕，荒唐不可信。」或云：「此錢自東粵海舶載至。」予觀瀛涯勝覽，其志爪哇國，言民間殷富，貿易用中國古錢，流寓多廣東、漳州人。三佛齊市亦用中國銅錢。大約海外諸國，有漢人流寓其地，即間用中國古錢。是臺地古錢，載自東粵海舶，爲可信也。

龍涎香

上淡水出龍涎香，每一粒價兼金，云可爲房術用，甚爲難得。聞欲辨真僞，取香細搽，入冷水，香氣盈室。去水而香輕重毫忽不耗，乃爲真者。赤嵌集云：「海翁魚口中噴涎，常自爲吞吐，有遺於海邊者，黑色、淡黄色不等，或云即龍涎。番每取以賈利，真僞亦莫辨也。」臺灣風土記云：「以淡黄色嚼而不化者爲佳，價昂十倍。」

草地郎

四鄉地盡平衍，田畝盡屬草地開墾。凡居鄉者，總名草地郎。至府治，則以鳳、諸、彰三邑人，亦呼爲草地郎。

臺田

臺土黑墳，甚肥沃，不須下糞，故人畜糞狼藉道路。每風起，臭穢不堪，圊厠無以踰。布種自二三月至九十月，收穫亦如之。往時夜露甚大，雨澤或愆期，禾稼不病。邇來居人衆，夜露亦稀，且苗多生蟲槁死，每下種以烟梗附根下，蟲患乃息。

海族夜光

予在學署，偶向夕巡簷，見階下光数十團，拾視之，乃所剥蝦殼也。漁人云：「鱟魚雌雄相負，多在沿海沙泥中，雌雄尾各一，每夜潮退，尾出水面，各有光一團，如碗大，因覘其光取之。」福清陳國學瑛，邵武參將正寅之子也，家産漸落，漁於海上。嘗爲予言：「凡昏晦之夕，海魚大上，則有数萬點火光，隨火光聚處，每下一網，可以獲魚盈船。」海魚頭至夜皆有光，非久於海濱者，固不知之也。

珊瑚草

珊瑚草生海底，狀類珊瑚，枝幹極纖小，色赤黑，高可七八寸。漁人網魚常得之，栽小盆内，亦可供玩。予在鳳山丁守備署中見二枝，土人呼爲珊瑚草，又呼爲珊瑚樹。按通雅云：「鐵樹生海底，出水即堅，高尺餘，色如鐵，一名石帆。」左思賦：「草則石帆水松是也。」恐即係此種。范至能言：「有石梅、石柏生海中，乃小如鐵樹。」七修類纂言：「粵西鐵樹有忽開花者，乃别一種也。」

蛇四跗

臺灣有毒釘蛇，黑質，長尺許，或五六寸，身扁，四足如蜥蜴，巨如中指，首約拇指大，狀如獼猴，自首至脊有金線一條，左右黄絲繞之，能浮水，口毒而不螫人，若捕急則螫人，立斃。鳳山學宫林木間有之。予嘗爲詩云：

大荒産物皆瑰奇，有蛇四跗猶龍螭。未能用壯不見石，騰踔已具雲雷姿。頭如獼猴形醜惡，金線貫脊盤黄絲。莿毬菻茶風露墮，攀援上下窮娭嬉。莊生猶局方以内，夔蚿相憐太瑣碎。能爲之足孟浪疑，恨不見此跂跂態。

按本草綱目云：「安南雲南鎮、康州、臨安、沅江、孟養諸處産鱗蛇，巨蟒也。長丈餘，有四足，能食麋鹿，冬春居山，夏秋居水，能傷人，土人殺而食之。」又西使記：「訖立兒城所産蛇皆四跗，首黑身黄，長五尺餘，口吐紫艷。」吧遊紀略云：「其國有蛇，黑質四足，形如蜥蜴，大者百餘斤，食之不疥。其土人見此蛇，輒驅弄之，伺其倦，生捕之，籠以歸。」

石湖

石湖在諸羅縣生番界内，入大武郡山行十餘日乃至。有社曰茄荖網社，湖寬里許，天將雨，湖輒水漲丈餘，或以爲湖底有眼通海。按潯陽記云：「鷄籠山下澗中有数處累石，若有人功，水常深尺餘，朝夕輒有湧泉，溢出如潮水，時刻不差，朔望尤大，號爲潮泉。」與兹相類。

薪木

臺地薪木，以龍眼樹爲上。木堅緻，耐燃，餘燼可爲炭。下此則用烏桕、赤茶諸木。使槎録云：「内山林木叢雜，多不可辨。樵人採伐鬻于市，每多堅質紫色，竈烟有香氣拂拂，若爲器物，必係精良。徒供爨下之用，寔爲可惜。倘得匠氏區别，則異材不致終老無聞，斯亦山木之幸也。」

田甲

赤嵌筆談云：「内地之田論畝，臺灣之田論甲，計一甲約内地十一畝三分一厘零。

内地田一畝，各縣輸法不一，自五六分至一錢二分而止，計一甲準以内地輸法，不過徵至一兩三錢零。而臺地上田徵穀八石八斗，即穀最賤每石三錢，已至二兩六錢四分零，况又有貴於此者，而民不以爲病。蓋地廣衍，上田無憂不足，中、下田截長補短，猶可支應。若履畝勘丈，則難仍舊貫矣。」諸羅雜志云：「臺地田賦與中土異者三。中土止有田，而臺地兼有園，蓋以種水稻者爲田，種旱稻者爲園。中土俱納米而臺地止納穀。中土有改折，而臺地納本色。」蓋自荷蘭至臺，立爲此法，本朝仍之。雍正七年，部議將新報墾田園，化甲爲十一畝，分別上中下之差，照同安則例升科。其從前所墾田園，照依舊額。

文昌魚

文昌魚産漳州，曝乾狀類銀魚，臺人以爲珍味。予在道憲署食之，殊覺名不副實。

板輪

臺地車輪，用堅木板鋪平，横鑿孔，用堅木穿貫，無輪與輻之別，蓋臺地雨後潦水渟塗，車輪有輻，障水難行，不如木板便利，所謂因地制宜。

壁虎能鳴

臺地壁虎，形狀與内地無異，但能鳴矣，聲如瓦雀。土人云：「至澎湖則不能鳴。」林僉事麟焻使琉球竹枝詞云：「静聽盤窗蜥蜴聲。」其自註云：「蜥蜴能鳴，聲如麻雀。」是以蜥蜴爲壁虎矣。鄭漁仲註爾雅，以蠑螈、蜥蜴、蝘蜓、守宫，種類既異，未可釋爲一物，其説甚允。予有詩云：

壁虎于物類，馬體添毫毛。形陋辭彭亨，尺短相譏嘲。靦然冒虎名，無乃慚雄豪。略饒攻殺技，蠆尾窮逋逃。安能覓雷雨，冰雹興土焦。兒童見之棄，倖免號呼勞。海東生頗異，聞者皆驚跳。自我航海來，詭物紛目遭。有魚剖母腹鯊魚胎生，擺尾逝囂囂。有蛇名毒釘，四足荒圖描。其餘鱗介族，餐輒怖老饕。鉤簾清晝坐，海氣蒸帷綃。胍胍龍無角，興亦酣波濤。夤緣牆壁上，學吼同饑蛟。吾聞中山國琉球一名中山，醜類同號呶。何如楊子幼，撫缶呼自驕。家僮厭喧聒，驅逐持長梢。興戎古所戒，何迺及爾曹。

紅毛、荷蘭爲二國

前史以荷蘭即紅毛。府舊志云：「荷蘭紅毛舟，遭颶風，愛臺灣地，借居土番。」臺灣紀略亦云：「紅毛乃荷蘭種，由咖嚁吧來，假地日本。」據吧遊紀略云：「紅毛國近和蘭，和蘭人白晳長大，深眥，青碧眼，大鼻尖準，毛髮鬚眉皆白，狀類獮猴，多譎智，善賈。紅毛狀貌與和蘭相類，特鬚髮皆赤爲異耳，史以爲即和蘭，非也。和蘭與紅毛、高車爲鄰，而差弱于二國。近紅毛與高車相仇殺，皆求援於和蘭，和蘭皆許之，而兩不敢有所助。其紅毛、高車之賈於咬嚁吧者，和蘭必善遇之。和蘭之來咬嚁吧，道必經高車。高車番不甚長大，男子耳貫金環，綴珠。國殷富，通商遍諸邦。有慧識，能辨寶物。」

野牛

近生番深山，産野黄牛，千百爲群，諸番取之，用以耕田駕車。陳小崖外紀云：「荷蘭時，南北兩路設牛頭司，取其牡者馴狎之，閹其外腎以耕。其牝則縱諸山，以孳生。」臺海采風圖云：「取野牛之法，先置木城四面，一面開門，驅之急，則皆入。

入則扃閉而饑餓之，徐施羈靮，豢以芻豆，與家牛無異。」嶺南雜記云：「山牛與牛無異，但眼紅耳。」

檳榔

檳榔樹直無枝，高五六丈，葉如栟櫚。幹嫩時青色，有節如竹，老則皮赤黑，宛類栟櫚。葉脱一片，内現一包，数日包綻，即開花二三枝，淡黄白色。花秀房中，子結房外，擢穗如黍，子数百粒，宛若棗形。據赤嵌集云：「檳榔不與椰樹間栽，則花而不實。」今觀檳榔，所在遍植，未嘗與椰樹同栽，而實固自繁也。土人啖檳榔，有日食六七十錢至百餘錢者，男女皆然，惟卧時不食，覺後即食之，不令口空。食之既久，齒牙焦黑，久則崩脱。男女年二十餘齒豁者甚衆。聞有一富户，家約七八口，以五十金付貨檳榔者，令包舉家一歲之食，貨檳榔者不敢收其金，懼傷本也。貧寠之家，日食不繼，每日檳榔不可缺，但食差少耳。相習成風，牢不可破，雖云足解瘴除濕，而内地官臺者，食亦稀少，未見遂受濕瘴病，是知土人惡習也。

郡邑二學宮番樣、龍眼

臺地番樣，隨地皆有，以府學宮右一株爲上，食之無渣，且味殊勝他處。龍眼以產臺灣縣學宮前者爲上，顆大殼薄，肉厚核細。熟時摘下，須以衣承之，偶觸殼輒破。分進道府鎮，以爲貴品。

螻蟻

臺地螻蟻，終歲不蟄，且與内地稍異。内地螻蟻，大小各族，不相淆亂。臺地螻蟻，小者中雜大者，結陣之時，往來排列，大小相錯，有大如米、如穀、如小赤豆者。銜負諸物，皆係小者。緣壁上几，一切食物，咸遭汙踐，最爲可憎，而大者則不至。意小者服役，大者坐享，其具君臣之義歟！

地震

往時地常震，每歲震動無常，或連日震不止。邇來八九年間，地不震。或以爲人烟日益輻輳，故地奠安，而不知實國家景運休隆所致也。

颶風

二十八年九月十一日，颶風大作，自北而至。其風之暴，十餘年所未有。鹿耳門内商船漁舠，擊破、飄没無算。鳳山北垂，稻田正值成熟，百僅存一。而南境距縣三十里下淡水地，風甚微，禾稼不害。颶風之作，自北徂南，亘地千餘里，無不蒙害。下淡水地雖極南，然距縣不遠，颶即不至，實不可解。嘗記本年七月間，在府治，十二三兩日颶作，府憲行文澎湖通判，令查海舶有無遭風，回文云：「茲兩日内微有南風而已。」猶謂其相距頗遠，若下淡水無颶風，則誠異矣。海外紀略云：「颶風乃天地之氣交逆，地鼓氣而海沸，天風烈而雨飄，故沉舟傾檣。若海不先沸，天風雖烈，海舟順風而馳，同大鵬之徙耳。」凡占颶風，視風反常爲驗。如春夏應南而反北，秋冬應北而反南。惟有雷則止。諺云：「六月一雷止三颶，七月一雷止九颶。」及其既作，必四面傳遍，如北風颶，必轉而東，東而南，南又轉西，或一二日，或七八日。其南風颶亦然。

諸羅山

臺地西臨大海，臺灣縣逼海無餘地，鳳山縣去海一里許，惟諸羅、彰化去海稍遠。人稱諸羅縣治曰諸羅山，欲指一山以實之，無有也。附郭番社曰諸羅山社，蓋設縣時見諸山羅列，適與相稱，故縣亦仍番社之名。未分彰化縣時，土地饒廣，於臺地得三之二焉。

南路山

長樂林謙光著臺灣紀略，所載南路諸山，多與學宫鄰近。打鼓山在學宫西南，相距五六里。觀音山在學宫北，相距十里。半屏山在學宫左，龜山在學宫右，二山與學宫相距不過数百步。

鵪鴒鳥

内地鵪鴒鳥，毛羽黑白相間，臺地則爲淡黄、淺緑色。斑鳩有純白者，鷄有大如拳，重不踰八九兩者，身輕能飛。

奢俗

臺地舊稱沃壤，民奢侈無節。鳳山舊志云：「宴會之設，動費中產。厮役牧豎，衣曳綺羅。販婦村姑，妝盈珠翠。」今户口日增，且比歲不收，民多貧寠，多有衣食不充者。

土生仔

内地無賴人，多竄入生番爲女婿，所生兒名土生仔。常誘生番乘醉夜出，頗爲民害。然道憲造海船，軍需木料，惟生番住處有之，必用土生仔導引，始可得。是土生仔爲百害中一利。

筏篷

海邊漁人，往海取魚，則用漁舟。至沿海淺處，止凴竹筏。筏上安篷，駕風往來，狎視海濤，渾如潢池。其筏長約三四丈，闊約一丈。

滸苔

滸苔，海中苔，深緑色，細如苧線，長四五尺，結成束。土人向日曝乾，用油煎食，或煮爲湯。每食薄餅，用滸苔下之。通雅云：「苔生於水者，青緑如髮，海濱之人多取裛而食之。名曰陟釐，又名側理，可爲紙。晋帝賜張華側理紙千張，即此苔所爲也。」

私渡

入臺私渡者甚夥。鳳山新志載私渡之害，甚爲詳悉，因備録之：

内地窮民，在臺營生，囊鮮餘積，旋歸無日。其父母妻子俯仰乏資，急欲赴臺就養，格於例禁，群賄船户，冒頂水手姓名掛驗。女眷則用小漁船夜載出口，私上大船，抵臺復有漁船乘夜接載，名曰灌水。一經汛口覺察，奸梢照律問遣，固刑當其罪，而杖逐回籍之愚民，室廬抛棄，器物一空矣。更有客頭，串同習水積匪，用濕漏小船，私載数百人，擠入艙中，將艙蓋封釘，不使上下，乘黑夜出洋，偶值風濤，盡入魚腹。比到岸，恐人知覺，遇有沙汕，輒趕騙離船，名曰放生。沙汕斷頭，距岸尚遠，行至深處，全身陷入泥淖中，名曰種芋。或潮流適漲，通波漂溺，名曰餌魚。在奸梢惟利是嗜，何有天良。在窮民迫於饑寒，罔顧行險。相率陷阱，言之痛心也。

漳浦藍鼎元有詩云：

纍纍何爲者，西來偷渡人。銀鐺雜貫索，一隊一酸辛。嗟汝爲饑驅，謂茲原隰畇。舟子任無咎，拮据買要津。寧知是偷渡，登岸禍及身。可恨在舟子，殛死不足云。汝道經鷺島，稽察司馬門。司馬有印照，一紙爲良民。汝愚乃至斯，我欲淚沾巾。哀哉此厲禁，犯者仍頻頻。奸徒畏盤詰，持照竟莫嗔。茲法果息奸，雖冤亦宜勤。如其或未必，寧施法外仁。

鯊魚

鯊魚翅出南路嵌頂及澎湖。每歲十一月，漁人取之，率載海舶往江浙貨賣。稗海紀遊云：「鯊魚胎生。市得一魚，可四五斤，用佐午炊。庖人剖腹，一小魚從中躍出，更得五六頭，投水中皆游去。」赤嵌筆談云：「鯊魚類不一，龍文鯊、雙髻鯊，志言之矣。外此有烏翅鯊，身圓，翅尾黑色。鋸仔鯊，齒長似鋸。烏鯊，口闊，大者數百斤，能食人。虎鯊，頭斑如虎，齒迅利，噬人手足並斷。圓頭鯊，亦食人。鼠唔鯊，皮白，齒如梳。蛤婆鯊，口闊尾尖。油鯊，身圓而長，尾似蝦尾。泥鰍鯊，口尖。青鯊，身青色。扁鯊，身扁尾小。乞食鯊，皮可飾刀鞘。狗纏鯊，身長尾尖。狗鯊，頭大，上有烏赤點，離水終日不死。」

臺鹿

臺地多鹿，皆出内山生番地。内地人以至臺灣必飫饜鹿肉，不知欲求生鹿肉一臠，不可得也。二十九年四月間，予在府治書院，適府憲署内一鹿將斃，殺之，購求一肘食之，味亦不甚佳。鹿茸不及川産，而價数倍。鹿筋、鹿脯，價亦昂。就胎鹿取其皮，謂之胎皮，長不盈尺，其毛似有似無，梅花斑點隱隱，文采可觀。往時皮一張，價不過銀二三錢。近因採取過多，計皮一張，價至番銀二三十大圓，且無市者。使槎録云：「臺山無虎，故鹿最繁。昔年，近山皆爲土番鹿場，今則漢人墾種，極目良田，遂多於内山捕獵。角尾單弱，絶不似關東之濯濯。角百對，只可煎膠二十餘斤。鹿雖多，街市求一臠不得。春冬時，社番截成方塊，重可斤餘，皆用鹽漬，運置府治，色黑味變，不堪下箸，而殖亦不輕。」稗海紀遊云：「鹿以角紀年，凡角一岐爲一年，猶馬之紀歲以齒也。番人世世射鹿爲生，未見七岐以上者。向謂鹿仙獸多壽，又謂五百歲而白，千歲而玄，特妄言耳。竹塹番社得小鹿，通體純白，角纔兩岐。要不過偶然毛色之異耳，書固未足盡信也。鹿生三歲始角，角生一歲解，猶人之毀齒也。解後再角，即終身不復解，每歲止增一岐耳。」

雨晴

臺地自九月至三四月，雨甚稀少。至五六七八月，始有大雨。有時自五月綿延至七八月，罕有晴日。土人占云：「鳶飛鳴則風，鳶宿鳴則雨。」

生蝨

土人相傳云：「凡住臺灣，不拘土著、外籍，衣中不生蝨。若偶生，則疾病將至。」予屢驗不然，大抵蝨視内地生差少耳。

上下淡水

臺灣有二淡水。在北路者名上淡水，設一同知、一巡檢治其地。巡檢駐劄八里坌，爲臺灣極北境，相距府城，爲程半月。在南路者名下淡水，設一縣丞、一巡檢。

而下淡水又分上、下番社，有上淡水社、下淡水社。諸羅舊志云：「南北淡水均屬瘴鄉，而北淡水尤甚。」今南路下淡水水泉甘美，居民輻輳。即北路上淡水，舊傳水泉惡毒，今服食如内地。蓋聲教廣被，生齒日稠，木拔道通，人氣坌集，山嵐海霧不能爲厲矣。

蘆鰻

蘆鰻產海邊，隨潮登岸，食蘆笋。潮退，入溪田中不能去，方可得。漁人或跡其往來之路，以灰布之，俾涎沫粘糊，隨手可取。身花紅色，長四五尺，全似鰻而身短。有重至二三十斤者，味極肥美。嶺南雜記云：「蘆鰻背黑，有類烏鱧。」其色稍異。

臺灣譌字

臺地字多意造，爲字書所不載。如番檨之檨字、泥鱝之鱝字、管豮之豮字、啊吼酒之啊字、茄荖網社之荖字、颱風之颱字、獸善走爲䟠之䟠字。不一而足，難以枚舉。

瓦瓶

諸羅雜記云：「僞鄭時開加溜灣井，得瓦瓶，其款識係唐、宋以前古窑物。」未開闢之先，此瓶何從而瘞之也？

甲萬

甲萬，製自外洋。此地多爲之者，亦名夾板。以楠木爲之。以重而難移，且啓閉以鐵爲機，其制不一，名曰番鎖。堅牢殊甚，用以貯金銀重物。今南北路旅舍皆有之。其制稍大，凡客至，以重物包封，付旅舍主，即收貯甲萬内，而寢其上焉。

番社考試

熟番歸化後，每社設有番學社。師悉內地人，以各學訓導督其事。每歲仲春，巡行所屬番社，以課番童勤惰。凡歲科試，番童亦與試。自縣、府及道試，止令録聖諭廣訓二條，擇其嫻儀則、字畫端楷者，充樂舞生。間有能爲帖括者，通計四縣番童，不過十餘人。道試止取一名，給與頂帶，與五學新進童生一體簪掛。初，熟番有名無姓，既准與試，以無姓不可列榜，某巡臺掌學政，就番字加水三點爲潘字，命姓潘。故諸番多潘姓，後别自認姓，有趙、李諸姓。

番社

臺地熟番，大小九十六社，每年輸納番餉。社中户口多者三四百口，少者百餘口至八九十口。每社置一土官、四土副。每土副一人名下有公戒二人，猶衙役也。凡徵收錢糧及大小事件，土官掌之。至于生番住社，難以稽查。鳳山相傳七十二社，新修縣志加增三十八社。計傀儡山生番二十七社，瑯嶠山生番十八社，卑南覓山生番六十五社，其外臺灣、諸羅、彰化三邑生番，不在此数。

居處

熟番居處，築土爲基，架竹爲樑，復編竹結椽桷爲蓋，各一大扇。豎柱上樑畢，衆共擎蓋以升，編茅以覆。每築一室，合社之衆助之。名屋曰朗，四圍植桄榔、椰子、莿竹之屬。貯米另爲小室，名曰圭茅，或方或圓，或三五間，或十餘間，皆以竹草成之。至内山生番，則於山凹險隘處，以小石片築爲墻基，大木爲樑，鑿石爲瓦。寢處以鹿皮，屋中置火爐，無冬無夏，燃榾柮不令絶。

飲食

熟番種植，多於園地。所種悉旱稻、白豆、菉豆、番薯，又有香米，形倍長大，味甘氣馥。每歲所種，止供自食，價雖数倍不售也。飲食用椰瓢，名曰奇麟。不用箸，以手攫取。近亦用竹箸，名曰甘直。用粗椀，名曰其矢。歲時宴會，魚肉鷄鴨，每味重設。大會則止用一豕。飲酒不醉不止，興酣則起而歌舞，其音嗢咿，袒胸盤旋跳躍。常時食物，以餒敗生蛆爲旨，酒以味酸爲醇。漢人至則酌以待，歡甚，出番婦侑酒，或六七人十餘人，各斟滿椀以進客，逐椀皆飲，衆婦歡然而退。倘前進者飲，後進者辭，遂分榮辱矣，盡辭不飲乃止。内山生番，五穀絶少，斫樹燔根，以種芋魁，大者七八斤，貯以爲糧。惟不食鷄。相傳紅毛欲殺生番，俱避禍遠匿，聞鷄聲知其所在，跡而殺之。番以爲神，故不食。捕獲生鹿則飲其血，割肉生食之。

衣飾

熟番自歸版圖後，女始著衣裙，裹雙脛。男用鹿皮或卓戈紋青布圍腰下，名曰抄陰，惟土官有著衣履者。邇年來漸被聲教，男婦俱製短衫袴，與漢人無異，土官則衣裘帛。男女喜簪野花，圍繞頭上，名曰蛤綱。插鶏羽，名曰莫良，猶漢言齊整也。手帶銅鐲或鐵環，以瑪瑙珠及各色贗珠、文貝、螺殼、銀牌、紅毛劍錢爲飾，各貫而加諸項，纍纍若瓔珞。性好潔，男女日一浴，赤體兀立，以瓢水從首淋下，拭以布，或浴於溪。内山生番，男裸全體，女露上身，下體用烏布圍遮。隆冬以野獸皮爲衣，頭皆留髮，剪與眉齊，草箍似帽。兩耳穴孔，用篾圈抵塞，以大耳垂肩爲美觀。肩、背、胸膛、手臂，以針刺花，用黑烟文之。土官刺人形，副土及公戒衹刺墨花，或刺蝌蚪字及蟲魚之狀。以文身命之祖父，忍痛刺之，云不敢背祖也。海槎餘録云：「黎俗男女週歲即文其身。自云：不然，則上世祖宗不認其爲子孫也。」

婚嫁

熟番初歸化時，不擇婚，不倩媒妁。男皆出贅，生女則喜，以男出贅女招夫也。女及笄，構屋獨居。番童有意者，彈嘴琴挑之。嘴琴，削竹如弓，長尺餘或七八寸，以絲線爲絃，一頭以薄篾折而環其端，承於近弰絃下。末叠縶於弓面，扣於齒，爪其絃以成音，名曰突肉。意合，女出而招之同居，曰牽手。逾月各告於父母，以紗帕青紅布爲聘。女父母具牲醪會親友，以贅焉。既婚，女赴男家，洒掃屋舍三日，名曰烏合。此後男歸女家，同耕並作，以諧終身。夫妻反目，夫出其婦，婦離其夫，不論有無生育，均分舍内什物，再牽手出贅。邇日番社亦知議婚，令媒通好，以布帛酒果或生牛二先行定聘禮。亦有學漢人娶女，不以男出贅者。至漢人牽番女，儀節較繁，近奉嚴禁，其風稍息。生番婚嫁，與熟番初歸化時相類。

番禮

熟番禮節，近亦漸學漢人。遇尊長，却步道旁，背面而立，俟其過，始行。若駕車，則遠引以避。鳳山治内山猪毛、傀儡山諸生番，親朋相見，以鼻彼此相就一點。小番見土官，以鼻向土官項後髮際一點，取親愛之意。

番鄉賓

番社從無鄉賓。邇年來漸摩禮教，亦求舉行。但不行飲酒禮，不詳府道，止就本學牒縣，給以匾額，以示激勸。初，番俗愛少惡老，皆拔去髭鬚，名曰心力。其峩峩番人頭，至白不留一鬚，近亦多有留鬚髯者。既知尚齒之典，則陋俗自除矣。二十八年，予在鳳山學，值行鄉飲酒禮之候，有下淡水社樂舞生趙工孕者，年幾七十，甚誠樸，頗解爲帖括。左右鄰里呈學保舉鄉賓，予嘉其意，牒縣，時邑令爲無錫王公瑛，曾給以匾額。額有「社樂舞生」等字，復呈學求去「社」字，同於齊民之意，以見國家文德之涵濡深且遠矣。

賞番

凡巡臺御史及分巡道，初至臺，必巡所屬地，並犒賞生熟番。先期縣令令所屬熟番，曉諭生番，生番畏威，不敢遽出，必質熟番爲信，如其人之数，然後敢出。所賞物如銀牌，苧線数十條、紅布数尺、婦人櫛髮諸器，鏀鏀、火酒諸食物，各縣令供之。

山後

臺地東面連峰叠嶂，綿亘千餘里，内盡生番所居，山後則人跡不至。鳳山謝孝廉居仁云：「近有人拏船由瑯嶠山下放洋，轉折而東，載棉布、苧線、器用之物，向山後番易鹿脯、筋角，約計七八更可至。」云其地縱處止有全臺之半，禾黍豐茂，風俗醇樸，以阻隔内山生番，不能相通。按諸羅縣志云：「諸羅山後生番名哆囉滿，由斗六門山口東入，渡阿拔泉，又東入，爲林璞埔，爲水沙連内山，乃諸番出入之口。地險阻，可通山後。又南日諸山之後，有巨石高出内山之頂，名爲冠石。登絶頂，東洋及山後諸社，可一望而盡，亦有捷徑可通。」稗海紀遊云：「客冬有賴科者，欲通山後土番，與七人爲侶，晝伏夜行，從野番中越度萬山，竟達東面。東番導遊各社，禾黍芃芃，比户殷富。謂苦野番間阻，不得與山西通，欲約西番夾擊之。」又曰：「寄語長官，若能以兵相助，則山東萬人，鑿山開道，東西一家，共輸貢賦，爲天朝民矣。」

蟒甲

蟒甲以獨木爲之，大者可容十三四人，小者三四人，划雙槳以濟，稍欹側，即覆矣。番善水，雖風濤洶湧，如同兒戲。漢人鮮不驚怖者。惟鷄籠内海蟒甲最大，可容二十五六人，於獨木之外，另用藤束板，爲輔於木之左右，尚存太古刳木爲舟、剡木爲楫之意。吧遊紀略云：「其國用連抱之木，刳之爲舟，長五六丈，鐵枝爲柱，全木之板爲蓋，而朱緑采焉。番人所載以遨遊者也。其載貨物，用平底方船。其帆海大船，謂之夾板船，船兩旁及底，悉用全木爲板，鎔錫貫其内，長三十餘丈，廣六七丈，五桅木，以布爲帆，引用八面之風，風順逆皆可用也。」錢唐馮一鵬憶舊遊註釋云：「威虎者，獨木船也。以大木剖而鑿之，坐以浮江，甚穩。」與茲相類。

浮田

水沙連四圍大山，山外溪流包絡，自山口入爲潭，廣可七八里，中突一嶼，番繞嶼以居，白波青嶂，別一洞天。隔岸欲詣社者，舉火爲號，番划蟒甲以渡。繞岸架竹木浮水上，藉草承土，以種稻，謂之浮田。按天禄識餘云：「周禮：澤草所生，種之芒種。」注者不知其解。王氏農書云：「即江南之架田也。」架田一名葑田，以木縛架爲曲田，繫浮水面，以葑泥附木架上，隨水上下東西，故江南有盜田者。又粵東有蕹田，滇南有海簰，皆與茲相類。

達戈紋

達戈紋，一名卓戈紋，鳳山邑志分以爲二，非也。瀛壖百咏云：「番婦以狗毛、苧麻爲線，織成布，染以茜草，錯雜成文，朱殷奪目。或云係取樹皮細搗擦爲線，以織成布。」予所見係褐色、藍色，方闊三尺餘，質類布毯，土人又名番包袱。番人織以爲衣，土人買之，以爲衣袱。

番烟

番烟，以烟葉曝乾，累数十片，卷成圓形。外用藤條細行約束，巨如小兒臂。每食以小刀切成細縷，縣中番社書辦，每貨以相餽。

衍戲

熟番遇家有吉慶事，番婦裝束，頭戴紙花圈，十數人携手跳躍。或番童相雜，鳴金鼓，口唱番曲，謂猶漢人衍戲。吧遊紀略云：「番樂，敲鐃，擊小鼙，兩人互演，摇頭跳足，以手相比試，而歌哇哇。」亦微類此。

番婦

南路鳳山及北路諸羅、彰化，番婦多醜惡，惟住上淡水者甚美，面如傅粉，僅兩睛稍圓爲異。居南路者，熟番不供役。居北路者，皆供役。輿夫多番婦爲之。

薩豉宜

薩豉宜，鑄鐵，長三寸許，如竹管斜削其半，空中而尖其尾，曰薩豉宜，又名卓機輪。繫其尖於掌之背，番兩手皆約鐵鐲，身行手動，則薩豉宜與鐵鐲撞擊，錚錚有聲。凡番童差役則用之。

婦持家

臺地番俗，以女承家，家務悉以女主之。南史記林邑國云：「凡嫁娶，女先求男，由賤男而貴女。」瀛涯勝覽云：「暹羅婦人多智，夫聽於妻。」是東南諸彝，多以女爲重。又吧遊紀略云：「咬嚁吧之俗，男子娶婦，則婦持家務，丈夫不能有所主。禮尚左坐，以左爲尊，婦人坐則居左。」又云：「其國雌鷄有距而司晨。」

占草

老番能占歲草：視每歲草何者居先，則定一歲旱澇豐歉。又以草驗風信。草初生無節，則週歲無颱。每多一節，主颱一次，驗之不爽。近漢人亦有識此草者，不知其名，但曰風草。颱，颶之最大者，颱字係譌造。

咬訂

北路聽差者，曰咬訂，又謂之貓踏，又謂之貓鄰，以番童十二三歲外者充之。先時編藤束腰腹，使小以身輕，便於奔走。凡遞公文，立稍長者爲首，聽通事差撥。插雉尾於首，手繫薩豉宜，結草雙垂如帶，飄颻自喜。風起沙飛，薩豉宜叮噹遠聞，瞬息間已数十里。

射鹿

番以射獵爲生，名曰出草。番童十齡以上，即令演弓矢，練習既熟，三四十步外取的必中。弓取材於竹，密纏以藤。藤染茜草，其色朱。内山番或以韌木爲之，無弰，不需筋角膠漆。繩紵爲弦，漬以鹿血，堅韌過絲韋。箭以堅直小竹爲之，傅以翎，翎如漢人之制。鏃以鐵爲之，或用鏢鎗，鎗桿長五尺許，能取物於百步之外。鎗舌爲兩鈎形，如「个」字，其鋒銛利，將鎗套入桿末，桿末小而鎗孔稍大，以便鎗脱桿便利。繫長繩於鎗鈎上之孔及桿末，中物則鎗舌倒掛而不能出，其桿擺落，長繩糾纏樹木間，番從後尾之，無得脱者。當春深，鹿場草高丈餘，一望不知其極，四圍先掘火坑，以防延燒，逐鹿因風所向，三面縱火焚燒，前留一面，各番弓矢鏢鎗並發，圍繞擒殺，鹿積如邱陵。邇來鹿場悉開墾爲田，鹿亦漸少。惟於内山捕之。凡捕鹿，番婦不與焉。

番犬

番犬大如黄犢，吠聲殊異。剪其雙耳，以草木蒙密，且多鈎刺，欲其馳驟無掛礙也。能生擒者曰生𪊲，獨擒者曰單倒。捕麞鹿，發示追踪，百不失一。價至三四十千。番人以田犬爲性命，時撫摩之，出入與俱。凡鹿捷於犬，然每奔盡一灣，則反而顧，故犬及之。予在道憲署，見番犬約重可六七十斤。

度歲

度歲無定日，或隣社共相訂期，賽戲酣飲，三四日乃止。亦有一歲而行二三次者。或八月初、三月初，總以稻熟爲最重。止之日，盛其衣飾，相率而走于壙，視疾徐爲勝負，曰鬭走。或社衆相訴誶，則以此定其曲直，負者爲曲。《吧遊紀略》云：「爪哇以三月三日爲歲首。過水諸雜夷，其歲首無定月。歲限十二月，月限三十日，不知紀年。問其年歲，則曰覽馬。覽馬云者，猶華言長久也。」

産金

諸羅雜記云：「蛤仔難内山溪港産金。港水千尋，冷於冰雪。生番沉水，信手撈之，亟起。起則僵，口噤不能語，豫爇火以待，向火良久，乃甦。金如碎米粒，雜沙泥中，淘之而出。或云内山深處有金山，人莫知所在。番人世相囑，不令人知。」陳小崖外紀云：「康熙壬戌間，鄭氏遣僞官陳廷煇往淡水鷄籠採金。老番云：唐人必有大故。詰之，曰：初，日本居臺來取金，紅毛奪之。紅毛來取，鄭氏奪之。今又來取，恐有改姓易主之事。明年癸亥，我師果入臺灣。」番社六考云：「紅頭嶼番社在南路山後，由沙馬磯放洋，東行四更而至。嶼孤立海中，其海産金。番無鐵，以金爲箭鏃、鎗舌。昔年臺人利其金，私與貿易，因言語不諳，臺人殺番奪金。後復邀瑯嶠番同往，紅頭嶼番盡殺之。今則無人敢至其地矣。」

香米

熟番多於園中旱地種稻，粒圓而味香，名曰香米，又名大頭婆，甚爲珍重。每歲熟時，以進道、府二署。按滇行紀程云：「清浪衛前臨江、後包北山，地勢平衍，其地産香稻，實圓而大，味亦至腴」，即臺地香米之類也。

大眉

相傳北路大肚社，先時有土官名大眉。每歲東作，衆番争致大眉射獵於田。箭所及之地，禾稼大熟，鹿豕無敢損折者。箭所不及，輒被蹂躪，不則枯死。斗六門舊聞亦有番長能占休咎，善射，日率諸番出捕鹿。諸番苦焉，共謀殺之。血滴草，草爲之赤，社草皆赤，諸番悉以疫死，無噍類。今斗六門之番，皆他社來居者也。

崇爻、黑沙晃諸山

相傳北路崇爻、黑沙晃諸山深處，松杉環列，橘柚、楊梅諸果，悉如内地。初冬山梅遍開，香聞数十里。皆野番雜處，漢人罕至。

抹鹿脂

往時番婦抹鹿脂油於身，以爲香。太僕少卿沈光文有詩云：「鹿脂搽抹遍，欲與麝蘭争。」或用以潤髮，名曰奇馬，今則漸除矣。

向

往時北路老番婦能作法詛呪，謂之向。先試樹木立死，解而復蘓，然後用之。否則，恐能向不能解也。不用鎖鑰，無敢行竊，以善向故也。田園阡陌，数尺插一杙，以繩環之，山猪麋鹿，弗敢入。漢人初至，誤摘果蓏啖之，唇立腫，求其主解之。輒推託而佯爲按視，轉瞬平復如初。或取石置於地，能令飛走，喝之，則止。按異聞録：「廣南苗民，其婦人能變爲羊，夜出害人。有能爲幻術，易人骨肉者。聞明時有仕於粤中者，偕二幕友宿於苗地。明日，見二客彳亍于庭，視之，各失一足，所曳者木腿耳。詢之，一居苗舍，私苗人之妻，夫恨之，故易其腿。一居苗舍，苗婦挑之，此客不從其請，苗婦恨之，亦易其腿。宦者窮治其事，苗人懼，請還其腿而去。」喦谿纖志云：「玀夔人能呪咀變幻，報讎家，又善變犬馬諸物。」皆北路老番婦之類也。今問諸番，此術無有。殆國家威德廣被，雖有幻術亦不能靈矣。老子謂：「以道莅天下，其鬼不神。」信哉。

卷九　海東月令

按月令七十二候，每月六候，更五日，則節氣應之，所以使農知時也。臺灣僻處海外，風土物産非僅與内地不同，且與粤東迥異，固難以候定也。吴江鈕玉樵著觚賸，有廣東月令，每月五候，視月令去一候。推其意，亦第約略言之耳。予至臺灣，訪諸土人及身所聞見，復採諸郡邑志，而多志所未詳者。爰準廣東月令之例，戲作海東月令。

正月

獻歲含英，歌女鼓脰，鷀鴯來巢，丹鳥懸輝，冬瓜蔓生。

獻歲，菊名，又名元宵菊。歌女，蚯蚓也。月令四月蚯蚓出，臺地正月即鳴。鷀鴯，燕也，亦以是時來巢。丹鳥，螢火也。

二月

春蜩送響，貝多羅秀，馬齒争吐，刺桐炫彩，青䖳上市。

二月，蜩鳴樹間。貝多羅花，以二月開。范浣浦侍御詩云：「花開盛夏氣微香」，是盛夏亦有之，非盛夏始開也。馬齒莧，菜也。刺桐，葉如梧桐，其花附幹而生，色深紅，臺地以二月開。

三月

四英含蕊，三月浪開，鯊蹻陸化鹿，夏葉來，早冬收。

四英，花名，詳漁唱註。三月浪，桃花也，絳紅百葉，以春暮始開，故名。臺地鹿，多鯊魚所化。觚賸云：「鯊魚爲虎」，則鯊魚化固不一矣。嶺南雜記云：「鯊魚之虎頭者化爲虎、斑者化爲鹿。」夏葉，魚名，土人云以三月至，新舊縣志俱未載。早冬，稻名，詳漁唱註。

四月

白帶出水，斑支成棉，薝蔔花六出，鹿始孕，麻蝨目呴雨。

白帶，魚名。身薄而長，其形似帶，無鱗，入夜有光。斑支，花落而成實，中有棉，可爲裀褥，四月採之。薝蔔花，即梔子花，瓣六出。臺地牝鹿，以四月孕，未孕極肥。麻蝨目，魚名，詳漁唱註。

五月

桄榔子熟，白蟶含漿，番木瓜始華，虎子插髻，鳳梨初熟。

桄榔樹，子以五月熟。土人占子多生，則歲有年。白蟶，形與内地蟶無異，殼差薄而身小，色白如玉，臺地五六月有之。諸羅志以爲無蟶而有蠔，非也。番木瓜、虎子花、鳳梨，俱詳漁唱註。

六月

番檨登盤，鱗介浮于海面，荔奴朝主，辣芥薦齒，七里香實結。

檨。按字書無檨字，係臺人謌造。臺地多颶，六七月尤甚。颶將作前数日，海吼如雷，或海中鱗介諸物遊翔水面。臺地龍眼，六月初即熟，而内地荔支適至。辣芥，詳漁唱註。七里香，花名，六月結實，大如豆，末尖先緑而後紅，一枝排比数十，如排珠，能辟烟瘴。所種之地，蠅蚋不生。

番檨凡三種：香檨、木檨、肉檨。香檨差大，味香，不多得。所食者惟木檨、肉

七月

檳榔實成，玉蘭再華，海魚遠逝，尖仔競秀，颶母見。

檳榔實初秋即採食，至來歲三四月止。玉蘭即迎春，詳漁唱註。漁人云：「七月海中魚稀少。」尖仔，即占稻，皮厚而堅，可以久貯。種於六月，成於九十月，種之美者也。藝林伐山云：「颶母之作，多在初秋。」南越志亦云：「有雲物如虹，長六七尺，見則颶風必發，故曰颶母。其風一發，鷄犬不寧。颶母又名孟婆。」

八月

紅紗浮水，鴛鴦種收，仙丹霞爛，月餅書元，梨仔茇騰臭。

紅紗，魚名，形似鱸，皮紅如塗朱，細鱗，與内地紅紗另爲一種，八月始出。鴛鴦種，落花生之早出者，其子甚小，與晚出者異，新舊邑志未載。仙丹花，開至八月始盛，爛熳如朝霞。臺俗中秋夜士子飲博達旦，製大月餅，硃書元字，以鬭采。梨仔茇，八月上市，詳漁唱註。

九月

甲魚躍於淡水，九月白收，鳥榕更榮，九降風至，沱連垂莢。

甲魚，又名傑魚，巨口細鱗，無刺，形如鯔，味甚美。長者可六七寸，惟出上淡水武勝灣等社。九月白，豆名，又名米豆，以可和米作飯。鳥榕，亦榕之類，而枝稍異，葉比榕爲大，土人名鳥榕。至九月，西北風作，舊葉盡脱，旋生新葉，葉初生，苞含嫩白如花蕋，絶類辛夷。九降風、沱連豆，俱詳漁唱註。

十月

萬壽果成，蟋蟀在野，金鴨至，塗魠集，布種。

臺地西瓜十月熟者，康熙間以萬壽節前貢至京師，因名萬壽果。蟋蟀至十月，猶在田野，每當月夕，響振草間，過往者幾忘爲歲欲除也。金鴨，狀如鴨而小，黑質，毛作金色，以十月至，過時則無，邑志未載。塗魠，魚名，一名泥鱝，考字書無「鱝」字，係臺地謌字。魚形類馬鮫而大，重者二十餘斤，無鱗，味甚美。自十月至清明，多有布種，詳漁唱註。

十一月

塗刺款門，蛣蟯停化，海渚出，烏魚大上，子菜生。

塗刺，魚名，本名扁魚。方言謂之塗刺，形似貼沙而薄，曬乾味香美，鮮食亦佳。每歲十一二月出，鹿耳門外甚夥。海水至隆冬漸涸，洲渚盡出。蛣蟯，蟯螂也，十月猶化，至十一月則停化。烏魚、子菜，詳漁唱註。

十二月

烏魚歸，過臘上市，海鸛至，雷聲間作，元駒不蟄。

烏魚至十二月仍歸東海，至春則無。過臘，魚名，以臘月出，故名，味甚甘美，邑志未載。土人云：「海魚佳者曰龍尖，曰過臘。」凡海魚多腥，惟龍尖、過臘不腥，味如池魚。海鸖，狀類鵝，以臘月至，重十餘斤。雷至冬月時聞，但聲差小，不如春夏震動。元駒，蟻也，終歲不蟄。

卷十　下淡水社寄語

沈文開雜記云：「臺灣土番，種類各異，有土産者，有自海舶飄來者，有宋時丁零洋之敗遁亡至此者。故番語處處不同。」今就鳳山熟番八社，其語音亦不相通，况其他乎？鳳山新修縣志採取諸羅縣志番語，附於番俗之後，似爲未協。二十八年冬，予在鳳山學署，有下淡水社樂舞生趙工孕者，能爲漳、泉土音，因令其將番語譯出。昔明定州薛俊著日本寄語，分類十五，予亦按其類分之，名曰下淡水社寄語。寄，即譯也。王制云：「東方曰寄。」

天文類

天文臨日阿易月務難星丁迓迓風麻例雨汙難露于納霞汙臨雷你踏落雨無儺霧方納

時令類

早罵南覓夜覓嗌午特特喉嗌晚抹郎明罵南滅暗馬畢郎冷罵加參暖罵喉爾今日你你後維明日下南埋
後日意老埋

地理類

地奈田于罵水喇零海芒石麻卓山無僅火呵嘸沙你伊井疚塵納本房爾舊屋芒芒門呵納

方向類

前呵落後欝即

珍寶類

金文老員銀拜索錢馬例錫心覓

人物類

官罵仁百姓踏父攬麥母賴臘公攬慕哥格格伯叔父攬慕，與公呼同男人安麥女人因納老人馬麼後生吒老歪孩子阿埋兒子馬埋外甥安囑你馬何我阿要富罵住罵貧罵落

人事類

要馬論來不要買仁立株里爾坐微洛王看微踏等待呵嗎斗拿來馬臘拿去阿臘后力眠微阿立行嗎訥訥難走藉函來汙掛下去嗎難倒罵嗎喝納笑嗎斗沽怒嗎喝愁嗎里芒愛惜嗎下林唱巴苗鶴吹微葉怠慢卑卓骨尊敬嗎下林借王喃殺剥挾打人木木踏痛嗎漢喃買拜流賣拜臘哭嗎棟雅醉罵俄賒王喃，與借同害無煞換富斗鄰有情合割居阿抹無情海鄰居阿抹叫踏頸頸老實説話嗎世英奇畫病嗎漢喃活嗎安死嗎踏夕肚饑貌煞飽嗎密狗無工夫海鄰奇旁喝親拿併併在合割不在海鄰快來嗎六甲居蓋瓦快去嗎六甲居麼難醒合帛夢微嗎郎亂説突縛居話説話抹抹娶親波陳那食嗎干居麥麥食飽不用添買仁均叫人泰泰庵醒買嗽醜陋嗎

同喉好人嗎涼踏惡人嗎同喉踏不曉得興咬萬納慢慢的嗎你快快的嗎下甲起身嗎那卓寫字順力讀書光登那裏去駒拿交

身體類

耳哈唎口晤和鼻爾旋目麻搭手林罵舌那吝納脚德感心呵莫唇蜜蜜牙踏墨頸踏甕腰莫引背力骨面門哪腸朕朕鬚蔗部髮毛角

器用類

大刀治哇小刀治列鏢鎗林溫刀柄笨郎弓舞几箭竹筋刀鞘踏答紙萬立鎖鍊鍊針納陰線瓦來扇礁巴悅鍋加里帛竈力儺箒阿越碗居舌舌，又云其矢筋甘直蓆韓喇被踏踏唵梯丹丹傘斗鈴燭富篤手巾巴里合鋸化化鐮交交鼻簫林慮口琴突覓耳環打甲甲書册柴加若椅棹踏息烟筒必進觀枕嗎芒芒椰瓢奇麟

衣服類

衣蕪麥衫梭木帽哥羅篤褲住雖鞋踏踏賓

飲食類

飲羅物鹽嗎易油意嗎穀壓臘禾汙下豆搭娄酒唳鶴烟安卓吃烟打馬鼓糖翻落

花木類

柚瓜稜菜納登瓜猫喝地瓜監家密

鳥獸類

牛暖亂馬甫羊藥鹿文那鼠撈茅鵝江牙猴勞同鴨老埋猫禄茅狗馬八狗吠馬八居嘵嘵鷄孤甲猪罵威猪肉罵合魚家限蝦大江迓

数目類

一塞塞壓二勞勞呷三大哆絡四踏八五阿里麥六安臨七哆哆八歸伯九篤假十皆塾百数論那千圭納

通用類

有赫刮無海林好馬鄰極好馬孤攀大末老小亦單破聞木多買縛少三興遠馬斗瓜近嗎字例長罵鄰接短罵古珍高罵裡異矮郭律深罵來居淺罵利甲厚嗎骨覓薄罵巴你邊緊嗎六甲緩嗎你是津麗不是百你臭罵仁殊香罵網衣

子婿徐家泰恭校刊

受業門人吴聲煒恭謄寫

附録

一、小琉球漫志序跋

徐序　徐時作

同里朱子筠園，年少以異等生貢國學，在京聲名藉甚。長洲沈歸愚尚書嘗稱其兄弟分擅詩、古文，云筠園以詩名，其弟梅崖以古文名。蓋尚書亦第就其業之專且精者言之耳，非謂其不能兼長也。筠園屢試場屋不遇，年四十餘，以例官德化教諭。大吏知其才，調任鳳山學。鳳山在海外，筠園於渡海道途經歷及學舍所聞見，著小琉球漫志十卷，請序於余。余讀志中古今體諸詩，原本風騷，而紀載奇跡、考訂錯誤，文亦詳明而有法。因嘆筠園不獨工於詩，即其紀載之文，與其弟梅崖素相切劘者，亦兼之而得其長也。極詩文之能事，而備宇内之大觀，洵異書也。余嘗著閒居偶録，頗爲名流激賞，今復纂棻堂節録二十卷，見者尤愛之。顧自念知識弇鄙，無復有殊異聞見，以視筠園斯志，殊自愧不如也。筠園豐才博學，在臺時方以計典稱最，將見不次擢用，他日更以其詩文之兼長者，頌揚聖代功德，傳諸海内，必有倍蓰於斯志者，余且拭目俟之矣。乾隆丙戌歲孟春月，筠亭老人徐時作撰。

自序

鳳山之西南，有小琉球山，周三十餘里，突峙海中。閩部疏所云從興化東行六十里而遥至平海衛，天清時隱隱見小琉球者，即指此山也。予以乾隆癸未歲，蒙恩調任鳳山。既至學署，即詢小琉球所在，以險阻未能至，顧意念終不置也。居學署無事，因追記道塗所經及在臺所聞見，與夫郡邑志所紀載。凡山川風土、昆蟲草木與内地殊異者，無不手録之。間以五七言宣諸謳咏，名曰小琉球漫志，用以彰意念所寄。而所録淆雜無序，亦未暇詮次也。越明年甲申夏，慘遭吾母太孺人之喪，狼狽西渡，偷生苫次。間有詢以海外事者，則然疑交作，恍如夢寐矣。又明年乙酉，授徒里中，暇日檢舊篋，得所爲小琉球漫志者，因詳加編次，定爲類六：曰泛海紀程、曰海東紀勝、曰瀛涯漁唱、曰海東賸語、曰海東月令、曰下淡水社寄語，共成十卷。令好事者閲之，既知海外山川風土、昆蟲草木之異，以見聖治之無外。而所云小琉球者，亦可想像於海水汩没之間也已。時乾隆三十年旃蒙作噩之歲仲穐壯月，邵武朱仕玠筠園書於里中之二如園。

魯序

魯仕驥

濰川朱筠園先生，以深湛博雅之學、豪俊環瑋之才，豹隱蠖屈，季踰四十，始以明經教諭德化，調鳳山。鳳山隸臺灣郡，海外地也。生熟番雜處，士民樸僿。先生至其地，宣揚聲教，迪以文明。踰年著小琉球漫志十卷。自山川風土人物，上至國家建置制度，下而及於方言野語，綜要備録，靡有所遺。其間道途所經、勝跡所垂，與夫珍禽異獸中土所不經見者，則以詩歌寫之。書成以示仕驥，而命之序。仕驥受其書而讀焉，既詫先生用心之精而核，而又以歎天之所以成就先生者爲倍至也。自古賢人才士，藴其奇不得施設，天每縱其跡於四方，俾其氣有所洩，而其術業益以大且富。荀卿，趙人也，遊學於齊，南浮楚，著書於蘭陵，爲百世宗。太史公周行天下名山大川，而成史記。其自言曰：「詩三百篇，大抵聖賢發憤之所爲作也。」又軼見其意於虞卿贊，以爲虞卿非窮愁，亦不能著書以自見於後云。至如韓退之、柳子厚、蘇子瞻，皆偉人也，於潮、於柳、於惠，後世艷稱之。蓋天之於賢人才士，既不欲使其循常以見於世，而日月所照臨之區，凡有血氣之屬，亦不忍其終古不進於文明，又靈奇怪秘之藏於山海間者，非得賢人才士亦不顯，是二者固相須而必相遇之事也。先生少習風騷，嘗遊太學，歷吴、楚、越、宋、衛、齊、魯之境，既而息居濰川之陽，其見之詩歌者，亦既大且富矣。然而其才其學未盡也，今乃得洩其奇於此書。臺灣自入版圖後，歷今八十餘年。人但知爲南徼一籓蔽要地而已，未有知其奇勝有如此書所云也。即愛奇者遐搜博採，或得以知其一二，亦未有洞悉其人情土俗有如此書所云也。蓋雖屬内地，而巨洋隔之，學士足跡，無從而至。其四方之商賈於是者，既不足以知之，而官斯土者，政事卒卒，又或未暇筆之於書。是以八十餘年，惝怳迷離，其詳不得而著也。今先生以散秩優遊其地，得以用其精心考核而成此書。此書之成，既足以見聖朝覆幬之仁，不遺荒徼。且使讀是書者，洞悉其人情土俗，他日或仕其地，知所法戒，而因以施其撫治之方。此則其用心之尤精者矣。仕驥竊謂此書當與尚書之禹貢、周官之職方氏，並垂不朽。若夫名勝所著，抑其小焉者爾。然則天之所以成就先生者爲何如乎。

乾隆三十一年季冬月，盱黎後學魯仕驥序。

中國方志叢書臺灣地區影印臺灣省圖書館藏抄本小琉球漫志

跋　徐家泰

小琉球漫志十卷，筠園先生官鳳山時所著也。凡海中日月之出没、魚龍烟雲之變幻，與夫都邑地理人物鳥獸草木之奇怪，風俗言語之殊異，莫不一一筆記。間爲詩歌，以發其羈旅之情。題曰小琉球漫志。小琉球，鳳山山名也。先生少以詩名天下，天下言詩者，咸推先生。嘗遊太學，以不遇而歸。年幾五十，始教諭德化，可謂窮矣。居二年，調鳳山。鳳山在海外，荒凉僻陋，不可一夕居。而人文之喬野，又特甚焉。豈天欲先生昌明詩教於重洋，而使薄海窮壤，咸知國家雅化之盛與？抑欲使奇觀異聞，得先生雄偉恢閎、絶倫特出之才以志之，以爲史氏之采擇與？則是志也，豈非海隅一代之典籍哉！家泰，先生婿也。復從事先生之門，得親承教誨，且習先生之詩尤深。今讀是志，因嘆先生之才，不得施於朝廟，作爲雅頌，薦道聖世功德，而紀載祇此。然其雄辭麗句，照耀後世。後世讀者，與退之潮州諸詩、子厚永柳諸記及東坡海外文字何異？則先生斯志，豈猶是星槎、瀛涯勝覽諸小説稗編，僅供觀聽也哉。

歲在柔兆閹茂之余月，子婿徐家泰謹跋。

二、朱仕玠詩文輯佚

臺陽八景

安平晚渡

七鯤身外暮雲生，赤嵌城邊競渡聲。沙線茫茫連島闊，蒲帆葉葉映霞明。鳴榔惟有漁樵侶，捩舵時同犵狫行。新月一鈎懸碧漢，剛聽畫角咽初更。

沙鯤漁火

兹地曾經百六遭，時清漁火遍輕舠。屢探蛟蜃盤渦惡，那懼黿鼉駕浪高！風定熒熒依古戍，宵分點點映寒濤。往來慵問乘除事，燃竹無心羨爾曹。

鹿耳春潮

大荒地險盡堯封，想見天兵克僞墉。故壘迄今盈百室，寒潮依舊捲千重。餘波南匯暹羅水，細沫東噓日本峰。笑看舳艫争利涉，長年來往狎鷗蹤。

雞籠積雪

試上高樓倚畫欄，半空積素布晴巒。誰知海島三秋雪，絶勝峨嵋六月寒。自有清光摇桀戟，翻擬余冷沁冰紈。北來羈客鄉思切，時向炎天矯首看。

東溟曉日

火輪初出海波齊，一道雲霞望眼迷。炯炯赤光射鯨背，嘐嘐清唱送天雞。漫驚秋橘懸暉迴，那識扶桑拂影低。咫尺便應霄漢接，世人何處問端倪？

西嶼落霞

西嶼餘暉炫晚晴，裁成萬叠綺霞明。依稀絳闕排雲出，彷彿金仙抗手迎。謝守妍詞無限好，陳王麗句若爲情。堨來絶海高秋迥，自有遥天一段青。

澄臺觀海

海上棲遲及早秋，登臺騁望思悠悠。常虞雷雨從空下，始信乾坤鎮日浮。淼漫由來通赤嵌，蒼茫無處問丹邱。乘槎便欲從兹去，憑占星文入斗牛。

斐亭聽濤

氣激滄溟地軸摇，斐亭危坐聽寒宵。沸騰洧水雙龍鬥，蹴踏天閑萬馬驕。蜀客漫誇巫峽浪，楚人厭説曲江潮。三山飄渺知何處，噴沫吹漚應未遥。

余文儀續修臺灣府志卷二六

池上曲

初來池上時，水滿新楊蘸。仳别歎兼旬，田田荷已泛。荷泛稗相依，水風颺袷衣。頹陽不忍去，來月暮言歸。

王瑛曾重修鳳山縣志卷一二

明月引

澄宇高雲斂，團飛到處看。江山宜獨夜，松檜自生寒。莎際幽蟲作，階前清露溥。披衣蕩子婦，攬袂起長嘆。

王瑛曾重修鳳山縣志卷一二

渡安平

泛泛安平渡，微風試啓窗。岸遥波侵樹，山盡日沈江。水鶴歸何獨，沙禽浴自雙。端居渺滄海，覩此覺心降。

王瑛曾重修鳳山縣志卷一二

咏新篁

穀雨節序及，捎煙紛已齊。一林洋水曲，三月鷓鴣啼。轉蓋茅齋勝，翻令行客迷。何當風解籜，堤草共萋萋。

王瑛曾重修鳳山縣志卷一二

泮水荷香

心許池間鷗鷺同，揭來羈跡海天東。鴨頭波起無邊緑，蓮子花開異樣紅。圓蓋響多傳急雨，高莖香暗遞微風。劇憐下馬清晨望，萬叠彤雲入鏡中。

王瑛曾重修鳳山縣志卷一二

蟋蟀咏

白露滴疏蕪，清風肅飛閣。驗彼候蟲鳴，始知歲摇落。入耳促悲絲，遶庭急哀籥。遂令歡娱場，倏地成寂寞。志士惜日征，寡女嘆居索。華髪其如何，感此中夜作。

王瑛曾重修鳳山縣志卷一二

石榴花

其一

拗並茸蒲映酒尊，節臨重五已開繁。争看如火南風樹，那謝屯雲西域根。子綻緑蛇珠顆顆，花垂紅鵲羽翻翻。林陰彌望都如許，賴爾濃芳占小園。

其二

木槿紛敷對日曛，遠輸榴朵赤無群。劇憐碧玉釵頭鬢，妒殺桃花馬上裙。照夜乍驚烟出木，冒炎誤認火燒雲。洛陽處士如相覓，石醋芳名世久聞。

王瑛曾重修鳳山縣志卷一二

梧桐花

其一

東風化鼠記桐華，別有青桐葉遍遮。欲試秋來如乳子，耽看閣外極妍花。任他開落吴宫側，誰把菁英上苑誇？蜂蝶不知高格調，拚教零落委泥沙。

其二

爛熳開時別有香，薰風披拂映朝陽。共傳櫜鄂皆成五，那識陽葩本異常。墮地碎繒從此擬，垂簷剪纈費推詳。何當倒掛來么鳳，管領華芳夏日長。

王瑛曾重修鳳山縣志卷一二

太弋瀑布

太弋開雲氣，迢迢百丈垂。深秋望愈浄，殘雪遠頻疑。散作滮池浸，寧同井穀卑。漫言泉水濁，未省在山時。

建寧縣志，新華出版社一九九五年版

夾竹桃賦

渡江歌王郎之曲，豔冶桃根。入梁求帝子之園，荒凉竹町。或迎春以敷華，或貫時而不隕。乃有異花灼灼，沃葉猗猗。殫太虚之溟涬，窮陰陽之施爲。似謂分則兩傷，乃欲比而合之。厥名夾竹之桃，實擅群葩之奇。洞口争妍，欣翠幄之窅窈。湘江染淚，驚紅雨而翻飛。吾聞度索之山桃，屈蟠以千里。衛邱之谷竹，蕭森於百尋。誇仙人之留實，侈帝俊之成林。顧嫗暖於濡露之辰，與凌寒於肅霜之節。固不得强謂爲同，而聽其混然無别。胡合根而並蒂，空撫樹以沉吟？像熏蕕兮同器，類秦越兮諧心。怪墨絲兮失素，憐荀染兮惟深。應嘆乎物猶如此，而人何以任？當夫桃花水下之時，正值叢竹苞含之候。離披於楓亭之驛，爛熳於冶城之囿。桃倚竹以迎暉，竹偕桃而垂晝。娟娟滴露，殊嶰穀之懷新；點點臨池，異天臺之振秀。謝獼猴之成實兮，那足稱豪。無籜龍之蔟生兮，難共饞守！倘賦吳都於記室，應列乎松于、古度之間。如咏枯樹於蘭成，當置之平仲、君遷之右。爾乃武陵漁子、元都遷客，憶栽唐觀兮何年，念種秦人兮匪夕。乘輿拏舟，蒙塵攜策，豈徒燕麥盈畦、兔葵連陌。雜含葶之旖旎兮，碧筱成帳。間落英之繽紛兮，青筠如簀。雖桑麻雞犬之依然，嘆流水桃花之異昔。則有睢陽宋子、淇上衛姬，瞻籊籊於泉畔，盼青青於水湄。訝迎風兮九華，詫承露兮四照。締雙心兮匪朋，合異曲兮同調。念美人兮遲暮，似樂幽居。思君子兮來遊，偏宜巧笑。他如桃花頮面，崔女逞其清妍。竹葉成醪，曹王誇其醲鬱。倘邂逅於糟床，或擷採于芳谷。忽紅蕊之泛觴兮，驚翠葉之盈掬。始知露井之穠姿兮，固曾附渭川之世族。於是冒雪子猷，錯愕含風之碧。買漿崔護，迷離映面之紅。何必辨葳蕤於上下，亦能夾錦浪於西東。至其攀條折葉之繁、擷衽挾衣之盛，招桑中之遊女，來上宮之群媵。章台息嬀，則以桃花留名。唐苑玉環，復以穠桃簪鬢。雖偶異嘉樹之芊綿，固同爲鉛質之蔚映。曉折歸兮臨水，暮妝成兮臨鏡。花依人兮同麗，人對花兮共靚。逞彤管之妍詞，流玉臺之新詠。劇形容乎華芳，固非鉛槧之所得而罄。

亂曰：囂水之竹，桃枝名焉。螺江之桃，復夾竹而婀娟。羌二物兮，似造物假爲因緣。是以湘葉泥泥，絳跗翩翩。相與低垂於簾幙，頓撼乎風烟。浸假秦人見之，應亦不知其所以然。

王瑛曾重修鳳山縣志卷一二

官烈婦傳

烈婦故邑庠生朱耀之女，故儒童官德華之妻。性專慧，耀嘗授以烈女傳女誡及古媛詩歌，烈婦時甫齔，已能諷傳不遺。德華家貧，烈婦力女工，以資其讀，績麻成布倍他婦。故終德華世無内顧之憂。烈婦之姑亦朱氏女，行尊於烈婦，愛烈婦特甚，嘗與語曰：「爾即吾女也。」姑素疾手足，不自動運，凡飲食沐浴，以至穢褻事，烈婦爲保抱之，若嬰兒焉。故終姑世忘疾病之困。德華客死廣州，訃至，烈婦晝夜哀號，唇頰血裂，沃飲茶水，然已絶粒旬餘。親族交勸之餐，烈婦但唯唯，潛即沐浴，以小繩從四末縶其衣袴，表以衰麻，自縊而絶。始烈婦從父誦習詩史，能翰墨，比歸官氏，密藏卷册於篋，而謹樸自晦。絶命之日，檢平生字迹焚之，止遺書屬外氏曰：「無夫從子，無子則死。然死必致夫骸合葬，以終從夫之義。」凜凜數言，可想見其學古知道也。時邑侯潞水公，親致賻奠，以詩吊之曰：靈芝良有種，勁草獨經霜。一死身無憾，千秋節自彰。拒人非截耳，賚志亦縫裳。用作鬚眉愧，生芻列墓旁。

乾隆建寧縣志卷二八

魏貞女哀辭

梅崖有才子曰佑，繼聘廣昌拔貢生原任廣東河源縣知縣魏中砥女。中砥謂佑曰：「吾女知書，嗜劉向列女傳，其志也。」既而佑省梅崖夏津，歸死江南，瀕死泣謂母曰：「兒聘魏氏女，女父嘗詡女志，兒慮志之不卒也，兒死余憾焉。」魏女聞佑之死也，即彼衰絰，欲奔佑喪，且以終事舅姑。女父母紿之曰：「姑待之。」待且二年，女自覺父母無允己歸終朱氏意，遂憂死。死時暑甚，三日夜未殮，形不變。衆聚觀之，歎女志之卒，而疑其形之未化也。夫黨朱仕玠，走百餘里，親臨女喪奠之。且爲哀詞，詞曰：「髽首兮，哀褷彼煢煢兮，思特生之味兮，死之識愉夙志兮，既得綿幽穹兮，何極。」

乾隆建寧縣志卷二八

梅崖居士文集序

夫文所以載道，非有以自得而强言之，則道不著。周衰，聖人没千余年間，士自道其道者，莫不託文以見自得矣。于聖人不悖者，孟軻氏、荀卿氏、揚雄氏、韓愈氏而已，蓋爲文若斯之難也。宋元以降，士之學道者，或絀於文，而學文者亦多剿説自飾，求其自得而庶幾接武四子者，代不四三人，一二人耳。予弟梅崖少嗜孟荀楊韓之文，博觀天地萬物，一寓文以發其自得。當其有所見也，孟荀諸君子若坐堂上，梅崖磬折於前，不知時代異，而其人不作也。顧荒於考試，悴於仕宦，擾於恐懼，憂患之迭至，不獲罄思慮，日足其見，而梅崖年踰四十矣。丁丑夏梅崖罷官歸，親賓請文授梓，梅崖未許也。請益力，則欷歔太息曰：嗟乎，天下後世不知我自得爲我者在也。既而曰：兄知我，爲我序之。夫梅崖之文，學者視爲自得矣。而梅崖不懌者，蓋得失難喻諸外也。傳曰：若川然有原卬浦焉，而後大推。梅崖之志其所欲卬而大者，何如哉？讀梅崖文者，當以此求之。乾隆己卯季春月上巳日，同懷兄仕玠筠園譔。

梅崖居士文集卷首

谿音自序

凡物動於不自已，而音生焉。天地之動而風雷應之，下至山林谿谷、鳥獸蟲魚亦有其不能不動者也。天地之動，廣矣，大矣，不可以臆測也。而山林谿谷，不能不附於百物之動，以成其音。就四者之中，而能以其體自爲宣著者，莫如谿之音，故壯而巨浪喧豗，微而石瀨濺激，皆自然之音。固能令窮居無聊者，日聽之以忘其倦也。且即其所爲附物之動者，推廣而言之，則時而列缺霹靂，時而大塊噫氣，以至山林畏佳大谷有隧前後於喁相唱，而沙禽水獸候物時蟲動乎天，倪自有以成其音於谿之上，聞之皆可以謂之谿音，是誠不能一端盡之也。予既因于時屏跡楊谿之上，於谿之音爲能詳悉道之。偶有吟咏，與谿音若相和答，因編其所爲之詩，名曰谿音。其亦以是音之蕭寥而無盡者，固非好爵是縻之士所樂與爲聞焉者也，後之君子其有以感予之所遇也夫。乾隆丁丑夏五筠園野人朱仕玠譔。

灘溪四家詩鈔序

四家詩者，爲同里何江村先生梅、李白雲先生榮英、族父槎亭先生肇璜、世父曲廬先生生霞也。集四家詩而冠以灘溪者，紀其地也。考邑志，建寧在南唐前爲永安鎮。後中興三年，始改爲建寧縣，遷治灘溪之北。自置邑後，固代有人矣。清興，四先生者同時崛出。其爲詩祖稱兩宋，雖視大家，掣鯨碧海，尚爲有待而泳沫靈府，自出新意，固皆能不囿於風土者也。吾閩自明初林膳部鴻與高棅諸人倡盛唐之學，或譏其摹擬失真，目爲閩派。四先生異代繼起而廓清之。其於詩道，寧遂爲無補哉。予生四先生後，有傳述之責。每讀其詩，深懼其湮没而無傳也，因與從兄岵菴，李君櫪園，共爲參訂，得五七言古今體若干首，壽諸梨棗，使往來灘溪者，知荒汀孤嶼之間，未始爲無人也。

乾隆二年寫刻本灘溪四家詩鈔卷首，又收入乾隆建寧縣志卷二七

三、朱仕玠志傳

筠園先生墓志銘

先生諱仕玠，字璧豐，號筠園，先孝廉第三子也。以拔貢生教諭德化，調鳳山，舉卓異。丁母李孺人艱，服闋引見補尤溪，兼管鼇峯書院諸生膏火。升河南内黄縣知縣，選單甫下而卒，年六十二。先生幼而敏慧，比長，盡通經史百氏之書，治古今文皆造精微，而人多稱其歌詩，傳于天下。先生嘗以古今論詩稱宋嚴氏，然所見僅能盡盛唐諸人之美耳，至其前者，皆不能合也。因舉經解温柔敦厚四言爲詩本，其所自爲格制極高，間放筆，遍歷諸代之體，豪宕變化亦出天然，如風雅之有正變也。在京師最爲嘉定張宫詹鵬翀、長洲沈學士德潛所知，前輩如黄崑圃、方望溪、王罕皆，一見稱許。然先生稟性散朗，簡於酬接，又不習北方水土，故歸。既而教諭德化，調任海外，閲歷仕途，世態益熟，乃始思枅去牙角，同俗宜民，稍行其意。而内黄甫選，未經蒞任，一病奄殂，此知先生者所共爲歎惜也。先生由附學生食餼，入太學，南北凡十三試。主司多有欲得先生者，然卒不遇。先生詩，沈學士嘗序之謂其超軼唐格，脱去閩派。而黄崑圃先生見而歎曰：「自吾師新城先生之殁，不見此調久矣。」蓋建寧邑，閩之西偏，其先士少顯者，即一二英俊，奮業自異，亦求蓋其朋儔而已。至先生遂傑然，與當世賢豪長者馳騁上下，略無少讓。其天資既超絶，又值先孝廉及世父曲廬先生喜士，四方名士多來止者。先生飫聞其講論，故源流盛大。其北遊太學也，學已大成，論者擬諸季札之歷聘，荀卿之遊學，太史公之遍覽山川也。始先生未生時，母李孺人嘗感異夢，如明鄭善夫、李攀龍之兆者。論者謂先生之不及二人者，名與位耳，至校其詩文，亦何憾於彼哉。仕琇幼與先生讀書，先生有得必告仕琇，故仕琇之愚，得以一二與有聞焉。其後試京師，知夏津，教授鼇峯，皆同處，日受先生之教，一旦棄世，四方學者皆曰斯文失望矣。而仕琇四顧茫然，無複可與語者，匠石云：臣之質亡已久矣。嗟乎！豈獨兄弟之痛哉！妻謝氏婉正，甚順於先生。今尚存子文儦，太學生。孫養元，尚幼。乾隆庚子，文儦將葬先生於某地，弟仕琇銘曰：鐃峰矗爽，濉水儲精。誕降先生，爲世豪英。千石在簴，蒲牢吼鳴。瑣瑣蟲飛，頓失其聲。逐英諧韶，宗廟肅穆。廢庋田間，以娱流俗。不和陽春，誰賞清角。知音寔難，已則何辱。民社之任，來自晚年。未肩而息，誰謂非天。大業在編，盛名在後。體託茲邱，永世不朽。

朱仕琇梅崖居士文集卷一二

朱仕玠 福建通志

朱仕玠，字璧豐，仕琇兄〔一〕，拔貢生。教諭德化，移鳳山，擢知内黄縣，遂歸。仕玠能古今文，尤工詩。嘗以古今論詩稱宋嚴氏，然所見僅能盡盛唐諸人之美。至其前者，皆不能合也。因舉經解温柔敦厚四言爲詩本，其所自爲格致高簡。閩詩，自明初林鴻、高棅倡盛唐之學，摹擬失真，沿成習派。仕玠因輯何梅、李榮英、族父璜、世父霞四家詩（皆出自新意，不囿於土風）爲灘溪四家詩鈔。

陳衍福建通志文苑傳卷八，民國二十七年刻本

【校勘記】

〔一〕「兄」，原作「弟」，據朱仕琇梅崖居士文集改。

朱仕玠　建寧縣志

朱仕玠，字璧豐，號筠園，曲盧先生猶子，武舉霦第三子。以拔貢生官德化教諭，調鳳山，舉卓異，丁母艱歸。服闋，引見再補尤溪教諭。尋調臺灣，遊宦海外，歸閩兼管鼇峯書院。升河南内黄縣知縣，選單甫下而卒，年六十二。玠未生時，母李孺人嘗感異夢，見神人送子來，曰：「此明鄭善夫也。」覺而生玠。幼即敏慧，比長，盡通經史百氏之書，治古今文皆造精微，然大多稱其詩。生平與弟仕琇最相友愛，壯年同試京師，琇以古文鳴，玠以詩鳴，同見知於張宫詹鵬翀、沈學士德潛。前輩若方望溪、黄崑圃諸先生亦交相稱許，由是名震天下。沈學士嘗序筠園詩集謂其超軼唐格，脱去閩派。而黄崑圃諸先生見而歎曰：「吾師新城先生殁後，不見此調久矣。」其爲世推重如此。所著書有小琉球漫志及筠園谿音音别諸詩集。又以閩詩自明初林鴻、高棅倡盛唐之學，摹擬失真，沿成習派，仕玠因集何梅、李榮英、族父璜、世父霞四家詩（詩皆出自新意，不囿於土風）爲灘溪四家詩鈔。

民國建寧縣志卷一六文苑

朱仕玠　清史列傳

仕玠，字筠園。乾隆十八年拔貢生，授德化教諭。調鳳山，以艱去。服闋，補尤溪。升河南内黄知縣。未之官，卒，年六十二。幼敏慧，通經史百家，與弟仕琇相切劘。仕琇攻古文，仕玠遂專業詩。其論詩稱宋嚴氏，尤以温柔敦厚爲本。遊京師時，沈德潛見其存稿，許爲得選詩神理。黄叔琳、方苞、張鵬翀皆一見推許。叔琳嘗曰：「王士禎没後，不見此調久矣。」仕玠方壯時，嘗涉黄河，遊太學，以震發詩之意氣。歸後，授徒谿西之草堂，溪水出建寧百丈嶺，至仕玠所居，曲如環，地多楊木，風雨至，拉雜有聲，仕玠樂之，所詣益進。著有谿音十卷、音别四卷。仕琇稱其得於谿山之所助者蓋多。他著筠園詩稿三卷、删稿三卷、和陶三卷、和紅蕉山房詩録一卷、鴻雁集一卷、賦鈔一卷，又有小琉球漫志十卷、龍山漫録二十卷。

王鍾翰點校清史列傳卷七二文苑傳

四、朱仕玠年譜簡編

朱仕玠，字壁豐，號筠園。

詳朱仕琇筠園先生墓志銘（梅崖居士文集卷一二，乾隆四十七年松谷藏版）。

福建省建寧縣邑北鄉楊林人。楊林朱氏係江南當塗縣寶塔岕。明永樂間先生先祖以江南軍戍建寧，遂置家縣南二十五里，即楊林。楊林朱氏本戍籍，傳三世改民籍，九世至曾祖父處士公。

詳朱仕琇先考行狀（梅崖居士文集卷六），又朱仕琇岵菴先生行狀（梅崖居士文集卷六）。

曾祖朱國漢，字爲章，深儒術。崇禎甲申變後，憫國將亡，遂不仕，行賈齊楚燕趙，以詩稱，與同邑丁之賢（德舉）齊名，號「綏安二布衣」，有三首詩入清詩別裁集。

詳先考行狀（梅崖居士文集卷六），又岵菴先生行狀（梅崖居士文集卷六），又沈德潛清詩別裁集：「朱國漢，字爲章，福建綏安人。布衣。爲章隱于賈，嘗遊金山，有貴人苦吟未就，爲章得句云：『烟霞滅没三山外，江海蒼茫一氣中。』貴人

大賞之，對曰：『偶記他人句也。』其厚自晦藏如此。」（清詩別裁集卷二八，河北人民出版社一九九七年版，第五七二頁）

祖父元履公朱家端，無兄弟，温惠善下，先處士公十年不仕而卒。生三男子：長曰霞，次曰伯起，季曰霦。

詳先考行狀（梅崖居士文集卷六），又岵菴先生行狀（梅崖居士文集卷六），又朱仕琇從兄太學君理山墓志銘：「父曰伯起府君，故太學生，實爲先大父第二子。」（梅崖居士文集卷二一）

伯父霞，字天錦，號曲盧，例貢生。孝友好禮，生平以不得事父爲憾，事母蔣孺人五十年無間。友於二弟，居無異財，喜四方名士來聚，又致力於修學宮及建朱子祠。好瀏覽載籍，購書充棟，博学工詩文，所辑有樵川二家詩四卷、綏安存雅四卷、閩海雜記十六卷、閩海風雅三十卷、廟学全書二卷，著有擬縣志稿十卷、勉致摘述三卷、勉致問答三卷、勉貽集二卷、曲廬詩集二卷等書。

詳光緒重纂邵武府志（中國地方志集成，上海書店出版社二〇〇〇年版），又民國吴海清修建寧縣志（中國方志叢書，成文出版社一九六七年版）。

父霦，字雨蒼，自號韜真子，生而沉偉，有大度，土視家産，以氣自致。好語忠孝，十歲喪父，事處士公。處士公教之賈，兒啼乞學，由是學兵書，因得縱目古史興廢，二十二歲中康熙壬午科福建鄉試武舉。居京師數年，以祖母年高歸，侍養祖母，乃精醫術。

詳先考行狀（梅崖居士文集卷六）。

母李氏，建寧西鄉人。年十六嫁入朱家，順於姑下意。生四男：長仕珏，太學生。次仕瓚，縣學生。次仕玠，拔貢生。季仕琇，進士。

詳皇清敕封太孺人先母李氏墓志銘（梅崖居士文集卷一四），又魯九皋皇清敕封太孺人朱母李太夫人墓表（魯山木先生文集卷九，清代詩文集彙編第三七八册，上海古籍出版社二〇〇九年版）。

仕玠幼而敏慧，長而通經史百氏之書。治古今文皆造精微，與其弟仕琇各以詩、古文見長。讀書于所居溪西之松谷别業，壯時曾渡黄河，遊太學，歷吴、楚、越、宋、齊、魯等地。其詩歌曾稱頌天下，遊京師時，沈德潛見其存稿，許爲得選詩神理。黄叔琳、方苞、張鵬翀亦一見推許，叔琳則道：「自吾師新城先生（王士禛）之殁，不見此調久矣！」嘗以古今論詩稱宋嚴氏，然所見僅能盡盛唐諸人之美。至其前者，皆不能合也。因舉經解温柔敦厚四言爲詩本，其所自爲格制極高。間放筆遍歷諸代之體，豪宕變化亦出天然，如風雅之有正變也。

詳筠園先生墓志銘（梅崖居士文集卷一二），又谿音序（朱仕琇梅崖居士文集卷一八）。

閩詩，自明初林鴻、高棅倡盛唐之學，摹擬失真，沿成習派。仕玠因輯何梅、李榮英、族父璜、世父霞四家詩，皆出自新意，不囿於土風，爲濉溪四家詩鈔。著有筠園詩稿三卷、删稿三卷、和陶三卷、和紅蕉山房詩録一卷、鴻雁集一卷、水竹居賦鈔一卷、谿音十卷、音别四卷、小琉球漫志十卷、龍山漫録二十卷等作品。

詳光緒重纂邵武府志（中國地方志集成，上海書店出版社二〇〇〇年版）。

乾隆六年（一七四一）拔貢入太學，惜屢試不第。乾隆二十八年（一七六三），由德化教諭調任鳳山縣教諭。是年六月蒞任，次年夏，因丁母憂回籍，服闋，補尤溪縣學，兼管鼇峰書院，授徒溪西之草堂，環境絶佳，所詣益進。乾隆三十八年（一七七三），擢知内黄縣事，未任職而卒。乾隆四十五年（一七八〇）葬，弟仕琇銘之。妻謝氏，婉正甚順。子文僬，太學生，孫養元。

詳筠園先生墓志銘（梅崖居士文集卷一二）。

康熙五十一年壬辰（一七一二），一歲。

生於建寧縣朱家。本生母時年三十。

詳皇清敕封太孺人先母李氏墓志銘（梅崖居士文集卷一四）。

是歲，父三十一歲，伯兄朱仕琇十三歲，仲兄朱仕瓚八歲，從兄朱仕琪十九歲。方苞四十五歲，黄叔琳四十一歲，王步青四十一歲，沈德潛四十歲，張鵬翀二十五歲，方天遊十七歲，雷鋐十七歲，徐時作十七歲，李俊六歲。

康熙五十二年癸巳（一七一三），二歲。

是歲，宋犖卒，年八十。宋犖，字牧仲，號漫堂，著筠廊偶筆等書（四庫全書存目叢書）。

詳湯右曾光禄大夫太子少師吏部尚書宋公犖墓志銘（钱仪吉纂録碑傳集卷六七，燕京大學研究所一九三二年版）。

康熙五十三年甲午（一七一四），三歲。

是歲，鄧作梅生。

鄧作梅雪莊逸叟山居圖贊：「歲在乙巳，予年七十二矣。」（雪莊文集卷二，清代詩文集彙編第三三六册）

康熙五十四年乙未（一七一五），四歲。

是歲春三月十七日，弟仕琇生。

詳朱筠賜同進士出身勅授文林郎翰林院庶吉士改山東東昌府夏津縣知縣福寧府儒學教授鼇峰書院掌教梅崖朱公墓志銘（梅崖居士外集卷八）。

康熙五十五年丙申（一七一六），五歲。

是歲，袁枚生。

詳方浚師隨園先生年譜（北京圖書館藏珍本年譜叢刊，北京圖書館出版社一九九九年版，第九八册）。

康熙五十六年丁酉（一七一七），六歲。

是歲，周鍾瑄諸羅縣志梓成。周鍾瑄，字宣子，貴州貴筑人，時任諸羅縣知縣。

詳諸羅縣志（臺灣文獻史料叢刊第一輯一二，臺灣大通書局二〇〇九年版）。

康熙五十七年戊戌（一七一八），七歲。

是歲，李光地卒，年七十七。

詳李清植文貞公年譜（北京圖書館藏珍本年譜叢刊，第八五册）。

康熙五十八年己亥（一七一九），八歲。

是歲，鳳山縣志編成，鳳山縣知縣李丕煜主修，臺灣府歲貢生陳文達主纂。

詳鳳山縣志卷首（臺灣銀行經濟研究室編臺灣文獻叢刊第一二四種）。

康熙五十九年庚子（一七二〇），九歲。

是歲，朱雝生。朱雝，字和鳴，仕玠族弟，師事族兄仕琇受古文法，篤信師説，與仕玠、仕琇二人相從最久。爲文堅質清幽，辭旨潔而有則，温而有倫，有古作者風，絶似其師。詩亦多淵然自得之旨趣。著有鼎堂文集鼎堂詩集。

詳鼎堂制義序（梅崖居士文集卷一九），又劉聲木桐城文學淵源考卷一二

（周駿富清代傳記叢刊學林類二〇，臺灣明文書局一九八五年版）。

是歲，鳳山縣志刊行。臺灣縣志編成並刊行，臺灣海防同知王禮主修，陳文達編纂。王禮，直隸宛平人，監生。陳文達，字在茲，臺灣縣人，府學歲貢生。

詳臺灣縣志（臺灣文獻叢刊第一〇三種）、鳳山縣志（臺灣文獻叢刊第一二四種）卷首。

康熙六十年辛丑（一七二一），十歲。

是歲，李中簡生。

詳李中簡先大夫虛齋府君行略（嘉樹山房文集卷三，清代詩文集彙編第三四八册）。

康熙六十一年壬寅（一七二二），十一歲。

是歲，王鳴盛生。王鳴盛，字鳳喈，一字禮堂，號西莊，江蘇嘉定人。

詳黃文相清王西莊先生鳴盛年谱（王雲五主編新編中國名人年譜集成第二〇輯，臺灣商務印書館一九八六年版）。

是歲，黄叔璥首任臺灣巡察御史，作臺海使槎録。

詳清史列傳卷六七（中華書局一九八七年版）。

雍正元年癸卯（一七二三），十二歲。

是歲，朱仕琪舉於鄉。朱仕琪，字寶廷，號岵菴，朱霞長子。

詳朱仕琇岵庵先生六十述（梅崖居士文集卷六）。

是歲，林明倫生。林明倫，號穆庵，先世從漳浦遷廣東始興。

詳朱珪衢州府知府林君墓志銘（知足齋文集卷三，續修四庫全書第一四五二册）。

是歲，王步青中进士，改翰林院庶吉士，授翰林院檢討。王步青，字罕皆，号己山。

詳王廷琬家傳（己山先生文集卷首，四庫全書存目叢書集部第二七三册）。

雍正二年甲辰（一七二四），十三歲。

居建寧。

雍正三年乙巳（一七二五），十四歲。

是歲，與弟仕琇同受詩於先君，推類通達，克承家訓。而弟拙於記誦，日僅可數十言，遂偏於古文。

詳朱仕琇筠園詩集序（梅崖居士文集卷一八）。

雍正四年丙午（一七二六），十五歲。

是歲，徐時作舉於鄉。徐時作，字鄰侯，號筠亭，建寧人。

詳光緒重纂邵武府志（中國地方志集成，上海書店出版社二〇〇〇年版）。

雍正五年丁未（一七二七），十六歲。

是歲，徐時作中進士，知成安縣。

詳光緒重纂邵武府志（中國地方志集成，上海書店出版社二〇〇〇年版）。

是歲，張鵬翀中進士。張鵬翀，字天扉，又字抑齋，今嘉定人。

詳楊于白主編嘉定縣志卷三五（上海人民出版社一九九二年版）。

雍正六年戊申（一七二八），十七歲。

是歲，錢大昕生。錢大昕，字曉徵，一字及之，號辛楣，又號竹汀居士，江蘇嘉定（今上海嘉定区）人。

詳錢辛楣先生年譜（嘉定錢大昕全集，江蘇古籍出版社一九九七年版）。

雍正七年己酉（一七二九），十八歲。

是歲，順天府朱筠生。

詳羅繼祖朱笥河先生年譜（北京圖書館藏珍本年譜叢刊第一〇六册）。

雍正八年庚戌（一七三〇），十九歲。

秋，父病脾。

詳朱仕琇先考行狀（梅崖居士文集卷六）。

任煥任邵武府知府。任煥，字樸園，河南郾縣人，先後治邵武十二年。

詳太守任公哀辭（梅崖居士文集卷四）。

雍正九年辛亥（一七三一），二十歲。

是歲，父朱霦卒，年五十一。

詳朱仕琇先考行狀（梅崖居士文集卷六）。

是歲，順天府朱珪生。

詳朱錫經南厓府君年譜（北京圖書館藏珍本年譜叢刊第一〇六册）。

是歲，姚鼐生。

詳鄭福照姚惜抱先生年譜（北京圖書館藏珍本年譜叢刊第一〇七册）。

雍正十年壬子（一七三二），二十一歲。

是岁，魯九皋生。魯九皋，榜名仕驥，字絜非，又因書齋扁額曰「山木」，故人稱「山木先生」。先祖由江西南豐遷至新城。

詳陳煦皇清賜進士出身山西夏縣知縣魯山木先生行狀（山木居士外集附，乾隆四十七年刻本）。

雍正十一年癸丑（一七三三），二十二歲。

是歲，雷鋐中進士。雷鋐，字貫一，號翠庭，寧化人。

詳陰承方通奉大夫左副都御史雷公行狀（經笥堂文鈔卷首）。

雍正十二年甲寅（一七三四），二十三歲。

居建寧。

雍正十三年乙卯（一七三五），二十四歲。

是歲，段玉裁生。

詳劉盼遂段玉裁先生年譜（北京圖書館藏珍本年譜叢刊第一〇八册）。

乾隆元年丙辰（一七三六），二十五歲。

是歲，祖母蔣夫人卒。

詳朱仕琇先考行狀（梅崖居士文集卷六）。

是歲，族父朱肇璜卒，年六十四。朱肇璜，字渭師，更字待濱，號昊盧，歲貢生。著有槎亭詩集未梓，仕玠曾作槎客傳。

詳鄉飲賓明經朱公墓志銘（梅崖居士文集卷一一）。

乾隆二年丁巳（一七三七），二十六歲。

是歲，余文儀、蔣允君中丁巳恩科進士。

詳房兆楹增校清朝進士題名碑録附引得（哈佛燕京學社一九四一年版）。

乾隆三年戊午（一七三八），二十七歲。

赴鄉試，歸作詩戊午鄉試歸作。

詳朱仕玠筠園删稿中卷（清代詩文集彙編第三一七册，上海古籍出版社二〇一〇年版）。

是歲，伯兄長子朱文倬卒。

詳朱仕琇祭亡侄文倬文（梅崖居士文集卷四）。

是歲，尹士俍任臺灣道將滿，完成臺灣志略並刊刻。

詳尹士俍臺灣志略序（臺灣志略，九州出版社二〇〇三年版）。

乾隆四年己未（一七三九），二十八歲。

是歲，沈德潛成進士。

詳沈德潛沈歸愚自訂年譜（北京圖書館藏珍本年譜叢刊第九一册）。

乾隆五年庚申（一七四〇），二十九歲。

是歲，伯父朱霞卒。

詳雷鋐朱公曲廬夫婦合葬墓志銘（乾隆建寧縣志卷二八，故宫珍本叢刊第一二三册，海南出版社二〇〇一年版）。

乾隆六年辛酉（一七四一），三十歲。

是歲，再赴鄉試。

詳偶憶去歲茲日身試棘闈悵然有作（筠園删稿上卷）。

是歲，以拔貢入太學赴京師，親友在十里之郊爲之餞行，交坐酙酒道上，弟仕琇作序文送之。

詳送筠園之京師序（梅崖居士文集卷二〇）。

入京隨行攜弟仕琇爲諸生時所梓制義，湖北萬年茂（南泉）御史見仕琇制義，嘆曰：「此天下至寶也，雖抑遏蔽掩而光氣自露，他日必以名元入清華之選。」

詳魯九皋梅崖朱先生仕琇行狀，（魯山木先生文集卷八）。

是歲，楊方立亦拔貢入太學。

詳與楊默堂書（梅崖居士文集卷二五）。

是歲，福建分巡臺灣道劉良璧完成重修福建臺灣府志。

詳劉良璧重修福建臺灣府志卷首自序（臺灣文獻叢刊第七四種）。

乾隆七年壬戌（一七四二），三十一歲。

夏，山居，與弟仕琇讀書於松谷，並作詩壬戌夏杪同弟梅崖讀書松谷山中慨然有作。

詳筠園稿上卷（清代詩文集彙編第三一七册，上海古籍出版社二〇一〇年版）。

八月八日，作詩偶憶去歲茲日身試棘闱悵然有作。（筠園删稿上卷）

冬，作詩壬戌冬暮積雪浹旬喜李二見訪。（筠園稿下卷）

臘月廿九日，作詩壬戌臘月廿九日作。（筠園删稿下卷）

乾隆八年癸亥（一七四三），三十二歲。

是歲，滄州知州徐時作（筠亭）告養歸里，聞仕玠兄弟文學甚異，過楊林訪兄弟二人，曰：「聞子兄弟文學甚異，故樂一見。」

詳朱仕琇徐筠亭七十壽序（梅崖居士外集卷三）。

是歲六月，作古錢行。（筠園稿下卷）

是歲，與李櫪園等人一起讀書依緑園，作詩依緑園閑居同李二作。仲秋归舍，臨別作詩。

詳癸亥歲予讀書依緑園仲秋將归舍卜於是歲冬北上京師虞嘉會難再成詩四章用別李二櫪園並同學諸子（筠園稿下卷）。

孟秋，弟仕琇客居福州，作詩五首寄之，曆叙往事用以志其相思鬱陶之甚。（筠園稿中卷）

仲冬，北上京師，李俊等人爲仕玠餞行，作詩癸亥仲冬北上京師李櫪園同李蘆村、李魯一祖餞百丈嶺賦詩告别並以志其惓惓之意。

詳谿音卷五（清代詩文集彙編第三一七册，上海古籍出版社二〇一〇年版）。

乾隆九年甲子（一七四四），三十三歲。

是歲，應順天鄉試，得謁長洲沈德潛，特受嘉獎，作詩甲子歲仕玠應順天鄉試得謁長洲沈歸愚宗伯因贄所爲詩。

詳朱仕玠紀知二章上沈歸愚宗伯（谿音卷一〇）。

詩才同時得到前輩如黄叔琳（字昆圃）、方苞、王步青、張鵬翀（號南華）的稱許。

詳朱仕琇筠園先生墓志銘（梅崖居士文集卷一二），又與楊默堂書（梅崖居士文集卷二五）。

是歲夏，沈德潛爲仕玠筠園稿作序。（筠園稿卷首）

八月，弟仕琇舉福建鄉試第一。

詳魯九皋梅崖朱先生仕琇行狀（魯山木先生文集卷八）。

是歲，好友李俊鄉試中副榜，成副貢生。

詳民國吴海清修建寧縣志（中國方志叢書，成文出版社一九六七年版）。

乾隆十年乙丑（一七四五），三十四歲。

是歲，與弟仕琇同住京師。三月二日，兄弟二人與山陰方天遊等天下名士十五人，仿蘭亭故事，修禊於陶然亭。

詳朱仕琇方天遊傳（梅崖居士文集卷二）。

又山陰張川胡氏宗譜卷一八家傳二詔試博學鴻詞再舉經明修行充内廷三禮館纂修官授直隸州州同雲持公列傳第十六：「（乾隆）十年三月二日，仿蘭亭修禊故事，集海内知名人士馬榮祖、夏之翰、朱仕玠、仕琇等十五人，修禊於陶然亭，銜杯分韻，遊目騁懷，時謂不減蘭渚風流。」（宋子愷胡天遊年譜，上海大學二〇一四年碩士論文）

是歲，弟仕琇初應進士，不第，兄弟二人一同南還。仕琇歸家後書信予方天遊，並爲仕玠索詩稿之序。

詳朱仕琇上吴督學書與胡稚威書（梅崖居士文集卷二一、卷三〇）。

是歲，張鵬翀卒。

詳楊于白主編嘉定縣志卷三五（上海人民出版社一九九二年版）。

乾隆十一年丙寅（一七四六），三十五歲。

首春，大雪，作詩懷念李俊、李魯一、李蘆邨。

詳丙寅首春大雪有懷李櫪園曁魯一、蘆邨（谿音卷五）。

乾隆十二年丁卯（一七四七），三十六歲。

居建寧。

乾隆十三年戊辰（一七四八），三十七歲。

是歲，弟仕琇、順天府朱珪（石君）、任丘李中簡（廉衣）、林明倫（穆庵）、李宗文（郁齋）、楊方立（默堂）等同榜中進士。

詳江慶柏清朝進士題名録（中華書局二〇〇七年版，第四八四至四五二頁）。

按：仕琇這幾位同年好友後來皆成爲仕玠好友，仕玠每次進京，必然與其在京師相見。詳見仕琇與各同年的書信中所叙。

乾隆十四年己巳（一七四九），三十八歲。

是歲，方苞卒。

詳蘇惇元輯清方望溪先生苞年譜（王雲五主編新編中國名人年譜集成第二〇輯，臺灣商務印書館公司一九八一年版）。

乾隆十五年庚午（一七五〇），三十九歲。

是歲，堂弟朱仕琛卒，年三十八。仕琛，字獻其，太學生，曲盧先生幼子。

詳朱仕琇從兄太學君墓志銘（梅崖居士文集卷一一）。

乾隆十六年辛未（一七五一），四十歲。

是歲，弟仕琇以庶吉士散館出令山東省夏津縣知縣，作詩題梅崖出塞圖。仕琇别京前向李中簡出示仕玠制義一卷詩數首，請求爲仕玠詩文作序。

詳筠園稿中卷，又朱筠朱梅崖先生墓志銘（笥河文集卷一二），又李中簡谿音序（谿音卷首）。

是歲，父朱霦以子仕琇贈文林郎山東夏津知縣。

詳朱仕琇先考行狀（梅崖居士文集卷六）。

是歲，王步青卒。

詳王廷琬家傳（已山先生文集卷首，四庫全書存目叢書集部第二七三册）。

乾隆十七年壬申（一七五二），四十一歲。

是歲，林明倫授翰林編修。

詳朱筠衢州府知府穆庵林君行狀（笥河文集卷九）。

約是歲，筠園稿筠園删稿刊成。

按：明年仕玠進京見李中簡時帶有此二部詩稿。李中簡評曰：「其存稿體清心遠，優遊約厚，有陶徵君之遺音，以上溯于曹、王者也。其删稿跌宕環偉，鑱刻穠纖，出入飛卿、長吉、東坡、山谷，以力追少陵者，蓋其少作也。」（李中簡谿音序）。

乾隆十八年癸酉（一七五三），四十二歲。

是歲，入京見陳科捷、李中簡、李宗文、林明倫、楊方立等仕琇同年好友。林明倫爲其制義作序。

詳又與陳繩庵書（梅崖居士文集卷二四）、复與李郁齋書三與李郁齋書（梅崖居士文集卷二五）、與楊默堂書（梅崖居士文集卷二五）、李中簡谿音序（谿音卷首）。

秋，林明倫爲山東鄉試正考官，弟仕琇以夏津令充同考官。

詳朱珪衢州府知府林君墓誌銘（知足齋文集卷三）。

是歲，雷鋐擢升爲左副都御史，調任浙江。

詳陰承方通奉大夫左副都御史雷公行狀（經笥堂文鈔卷首）。

是歲，杜繼凱卒。繼凱字左待，南豐人，其子文明爲拔貢生，與仕玠、仕琇兄弟友好。

詳朱仕琇文慤先生墓志銘（梅崖居士文集卷九）。

乾隆十九年甲戌（一七五四），四十三歲。

是歲，遊學京師。

是歲，朱筠中進士。

詳羅繼祖朱笥河先生年譜（北京圖書館藏珍本年譜叢刊第一〇六册）。

乾隆二十年乙亥（一七五五），四十四歲。

是歲，弟仕琇在夏津令任上。仕玠大約於此期間或稍後與弟仕琇相處於夏津。

詳朱仕琇答李千人書（梅崖居士文集卷二八）。

乾隆二十一年丙子（一七五六），四十五歲。

秋，李中簡典試山東，弟仕琇與之相聚月餘，並爲仕玠詩文再次索序。

詳朱仕琇谿音序（梅崖居士文集卷一八）。

是歲，黄叔琳卒。

詳顧鎮黄侍郎公年譜（北京圖書館藏珍本年譜叢刊第九一册）。

乾隆二十二年丁丑（一七五七），四十六歲。

六月，居山東夏津。寫信向李中簡索谿音序。（李中簡谿音序，谿音卷首）

八月，歸建寧家。（復陳繩庵書，梅崖居士文集卷二四）

夏，自序谿音。（谿音卷首）

夏，弟仕琇去官歸里，親賓請將其文付梓，仕玠爲之作序。

詳朱仕玠梅崖居士文集序（梅崖居士文集卷首）。

秋，弟仕琇子文佑自山東省親南歸，病卒於江南金陵，年二十二。作江南哀行哭之。

詳朱仕玠江南哀行（谿音卷一〇）。

十月，林明倫卒於京邸，作詩哀林衢州穆庵。詩序曰：「始興林編修明倫邃於濂洛之學，與余兄弟締友朋之好。出守衢州，踰年左遷二秩，以疾卒于京邸，年三十五，作詩哀之。」（谿音卷五）

冬，弟仕琇入京，與諸同年、同鄉相好者相聚，並收録林明倫遺文爲之作序。

詳與張樊川書（梅崖居士文集卷二五），又林穆庵遺文序（梅崖居士文集卷一七）。

冬，作詩紀知上沈德潛，詩序曰：「乾隆甲子歲，仕玠應順天鄉試，得謁長洲沈歸愚宗伯，因贄所爲詩。宗伯獎借頗至，仕玠乞宗伯序之。既而仕玠試黜南還，宗伯旋歸里，不相見者十餘年。丁丑冬，鄉人自吴中回者，云宗伯逢人輒口稱予詩，甚爲感激。昔虞仲翔以天下有一人知己足以不恨，況知己出于一代宗工，負朝野重望如宗伯者乎！其爲知己何易易也！因作紀知二章上之。」（谿音卷一〇）

是歲，李中簡爲谿音作序。（谿音卷首）

是歲，李俊爲谿音作序。（谿音卷首）

是歲，弟仕琇聞沈德潛徵選本朝詩，遂寄書，並以曾祖父朱國漢舊刻詩集呈覽，願曾祖父遺詩入選。

詳上沈侍郎求選先集書復沈侍郎書（梅崖居士文集卷二一）。今沈德潛編清詩別裁集選録仕玠曾祖朱國漢詩三首、伯父朱霞詩一首。

乾隆二十三年戊寅（一七五八），四十七歲。

七月七日，弟仕琇爲谿音撰序，略曰：「其涵澹蕭瑟，抑亦得于谿之所助者多也。昔孔子教人學詩之旨，審於興觀群怨，而末不遺夫名物。筠園詩益富，不自名歸功於谿，集既成，以是名篇。」（谿音卷首）

是歲正月，方天遊卒於蒲州，作詩哀山陰胡明經稚威。

詳方天遊傳（梅崖居士文集卷二），又詳谿音卷九。

乾隆二十四年己卯（一七五九），四十八歲。

春，在家敦促弟仕琇所著文集付梓，作梅崖居士文集序。（朱仕琇梅崖居士文集卷首）

是歲，谿音音别等共三本刊成。

詳與楊默堂書（梅崖居士文集卷二五），又復家石君書（梅崖居士文集卷二七）。

冬，内閣學士兼禮部侍郎沈德潛爲朱仕玠詩集谿音作序。（谿音卷首）

是歲，侄兒朱佑繼室魏氏卒，爲作魏貞女哀辭。

詳乾隆建寧縣志卷二八（故宫珍本叢刊第一二三册）。

是歲，弟仕琇任福寧府學教授。八月，以老母高年，不忍去離左右，又多病，以疾辭教諭之職，循例告養。

詳復與李郁齋書（梅崖居士文集卷二五），又與官石溪先生書（梅崖居士文集卷三〇），又游光繹鰲峰書院志卷二祠祀（趙所生、薛正興中國歷代書院志第一〇册，江蘇教育出版社一九九五年版，第二九七至二九八頁）。

是歲，覺羅四明於府署東首新建崇文書院，時任臺灣知府。

詳小琉球漫志卷六（乾隆年間寫刻本，下同），又余文儀續修臺灣府志卷八（臺灣文獻叢刊第一二一種）。

乾隆二十五年庚辰（一七六〇），四十九歲。

是歲，授德化教諭。在德化期間除了作詩，還作賦若干篇，名之曰水竹居賦鈔。寧人望爲之作序。

詳民國建寧縣志卷一六、卷二五。

是歲，朱珪出爲福建糧憲。（小琉球漫志卷三）

是歲，余文儀任臺灣知府。

詳余文儀續修臺灣府志卷三（臺灣文獻叢刊第一二一種）。

是歲，魯九皋以第三人補充郡學生。

詳陳煦皇清賜進士出身山西夏縣知縣魯山木先生行狀（山木居士外集附）。

是歲，雷鋐卒。

詳朱仕琇通奉大夫都察院左副都御史雷公墓志銘（梅崖居士文集卷七）。

是歲，王瑛曾任臺灣府鳳山縣知縣。

詳王瑛曾重修鳳山縣志卷首自序（臺灣文獻史料叢刊第一輯一三）。

乾隆二十六年辛巳（一七六一），五十歲。

是歲，仍任德化教諭。

是歲，母八十大壽。縣大夫及四方知名人士皆來獻頌爲壽，冠烏錯庭，連十日夜。

詳魯九皋皇清敕封太孺人朱母李太夫人墓表（魯山木先生文集卷九），又皇清敕封太孺人先母李氏墓志銘（梅崖居士文集卷一四）。

是歲，朱珪調升福建臬憲，向制府推薦朱仕玠調任鳳山縣學教諭。（小琉球漫志卷三）

是歲，覺羅四明任臺灣巡道兼提督學政。任上總裁續修臺灣府志，主修爲余文儀。

詳余文儀續修臺灣府志（臺灣文獻叢刊第一二一種）。

乾隆二十七年壬午（一七六二），五十一歲。

是歲，仍任德化教諭。

九月，從兄岵庵先生朱仕琪病卒。

詳岵庵先生行狀（梅崖居士文集卷六）。

是歲，朱珪摄福州府事郡试，弟朱仕琇幼子名列前位。

詳與雷朴先書，梅崖居士文集卷二八；又朱錫經南厓府君年譜（北京圖書館藏珍本年譜叢刊第一〇六册）。

是歲，覺羅四明於臺灣縣學西首新建海東書院。

詳余文儀續修臺灣府志卷八（臺灣文獻叢刊第一二一種）。

乾隆二十八年癸未（一七六三），五十二歲。

三月十五日，卸德化縣學教諭，請假旋里。

四月初八日，抵家。四月十九日，由家至榕城。四月二十六日，抵榕城。

五月初十日，榕城曉發，往小琉球。作榕城曉發渡烏龍江等詩。十一日，次漁溪。十二日，宿漁溪。十三日午，至江口橋，下午抵涵江，作涵江詩。五月十四日，次楓亭驛，十五日上午，次惠安縣，度洛陽橋，作洛陽橋詩。十五日晚，宿泉州府。十六日，次沙溪。十七日，過五通渡，作五通渡詩。下午，抵厦門，作厦門詩。十八日至二十七日，羈留厦門。二十八日，登海舶。二十九日，從小擔嶼張篷出口。三十日五更放洋，作小擔嶼放洋詩。

六月初三日，夜半觀日出，作海中觀日出詩。初五日，望見澎湖島，作海中見澎湖島以無風不能至詩。初六日，至澎湖，作澎湖由黑水溝夜泛小洋詩。初七日，至鹿耳門，作鹿耳門鹿耳門潮聲詩。初八日，至臺灣府，作七鯤身鯤身漁火内河臺灣府安平鎮赤嵌城澄臺觀海宜亭登朝天臺五烈墓鯽魚潭暗洋等詩。十二日，由府治小南門問道鳳山，十三日至縣治。初至即訪小琉球，先後作初至鳳山學署有感上朱臬憲五十韻與同僚林霞海讌飲蓮花潭鳳山春雨半屏山半屏山夕照登龜山憶家瑯嶠聽潮淡溪月夜打鼓山萬丹港岡山樹色小琉球朝霞火泉火山雞籠山等詩。

上述詳朱仕玠小琉球漫志各卷。

秋八月，余文儀俸滿西渡，作五古一篇送之。（小琉球漫志卷二）

八月，蔣允焄繼余文儀任臺灣知府。

詳余文儀續修臺灣府志卷三（臺灣文獻叢刊第一二一種）。

是歲，巡臺滿御史永公慶、漢御史李公宜青至臺，嚴禁當地鄉試冒籍。李公督課諸生甚勤。（小琉球漫志卷六）

是歲，李中簡升遷侍講學士。

詳徐世昌大清畿輔先哲傳卷二二（周駿富清代傳記叢刊綜錄類）。

乾隆二十九年甲申（一七六四），五十三歲。

正月，蒙覺羅四明諭、蔣允焄召，掌教崇文書院。（小琉球漫志卷六）

仲春，王瑛曾編纂重修鳳山縣志刊成。

詳王瑛曾重修鳳山縣志卷首（臺灣文獻史料叢刊第一輯一三）。

夏四月，覺羅四明俸滿西渡，爲作海東頌八章送之。（小琉球漫志卷二）

五月初三，母李孺人病卒，年八十三。仕玠回鄉丁憂。

詳朱仕琇皇清敕封太孺人先母李氏墓志銘（梅崖居士文集卷一四），又朱仕玠小琉球漫志自序（小琉球漫志卷首）。

八月，余文儀任分巡臺灣道，十一月擢福建按察使。十二月，蔣允焄繼任分巡臺灣道。
詳余文儀續修臺灣府志卷三（臺灣文獻叢刊第一二一種）。
是歲，弟仕琇五十大壽，魯九皋爲作朱梅崖先生五十壽序。
詳魯九皋魯山木先生文集卷六。
乾隆三十年乙酉（一七六五），五十四歲。
授徒里中，編次小琉球漫志，定爲六類，共成十卷，並作序言。
詳朱仕玠小琉球漫志自序（小琉球漫志卷首）。
十一月，庶母楊夫人卒，年六十七。
詳朱仕琇皇清敕封太孺人先母李氏墓志銘（梅崖居士文集卷一四）。
十二月，葬母李孺人，以庶母楊夫人從葬。
詳皇清敕封太孺人先母李氏墓志銘（梅崖居士文集卷一四）。
是歲，魯九皋充郡學拔貢生。
詳陳煦皇清賜進士出身山西夏縣知縣魯山木先生行狀（山木居士外集附）。
是歲，寧人望拔貢。寧人望字立孚，號綫軒，建寧人，官直隸州州判，師事朱仕琇。曾爲朱仕玠水竹居賦鈔作序。

詳民國吴海清修建寧縣志卷二五，又劉聲木桐城文學淵源考卷一二。

乾隆三十一年丙戌（一七六六），五十五歲。

是歲，李俊六十大壽，爲作壽文。

朱仕琇李櫪園六十壽序：「筠園既叙生平歡好，遊處之跡，韻言以壽。」（梅崖居士外集卷三）

孟春月，徐時作爲作小琉球漫志序；季冬月，魯九皋爲作小琉球漫志序。該書約初刻於是歲，或稍後。

詳小琉球漫志卷首（臺灣文獻叢刊第三種）。

乾隆三十二年丁亥（一七六七），五十六歲。

再入京師，見李中簡等人。孟秋自京歸，爲弟仕琇帶回李中簡書信一封、詩二首。

詳朱仕琇與李廉衣書（梅崖居士文集卷二六）。

是歲，弟仕琇復補福寧府學教授，仍以疾辭。

詳魯九皋梅崖朱先生仕琇行狀（魯山木先生文集卷八）。

是歲，楊方立升任鴻臚寺丞卿，居四品，負責朝廷祭祀事宜。同年乞假歸養，抵家不足十日逝世。

詳朱仕琇答羅臺山書（梅崖居士文集卷三〇）。

乾隆三十三年戊子（一七六八），五十七歲。

僑寓榕城，觀察張南坪出示紅蕉山房詩，讀之，取其中五十調次韻和之，作和紅蕉山房詩録一卷。

詳民國建寧縣志卷二五（中國方志叢書，成文出版社一九六七年版）。

春，弟仕琇爲鰲峰書院講席。

詳朱仕琇與李廉衣書（梅崖居士文集卷二六）。

乾隆三十四年己丑（一七六九），五十八歲。

是歲，任尤溪縣教諭。

詳乾隆尤溪縣志卷五（故宫珍本叢刊第一二三册，海南出版社二〇〇一年版）。

是歲，沈德潛卒。

詳趙爾巽等清史稿列傳九十二卷三五〇（中華書局一九七七年版）。

乾隆三十五年庚寅（一七七〇），五十九歲。

是歲，仍任尤溪縣教諭。

五月，朱筠奉命爲福建鄉試正考官，於鰲峰書院中取士十餘名。

詳朱仕琇與家石君書（梅崖居士文集卷二七），又王蘭蔭朱笥河先生年譜（北京圖書館藏珍本年譜叢刊第一〇六册）。

是歲，魯九皋於本省鄉試中成舉人。

詳陳煦皇清賜進士出身山西夏縣知縣魯山木先生行狀（山木居士外集附）。

是歲，朱珪由湖北按察調任山西，又遷布政使。

詳朱錫經南厓府君年譜（北京圖書館藏珍本年譜叢刊第一〇六册）。

乾隆三十六年辛卯（一七七一），六十歲。

是歲，仍任尤溪縣教諭。

是歲六月，仲兄朱仕瓚卒，享年六十七歲。
詳朱仕琇仲兄縣文學恒庵墓志銘（梅崖居士文集卷一二）。
是歲十月，伯兄朱仕珏卒，享年七十二歲。
詳朱仕琇伯兄太學生默軒先生墓志銘（梅崖居士文集卷一二）。
是歲，魯九皋中進士，殿試二甲二十名。
詳陳煦皇清賜進士出身山西夏縣知縣魯山木先生行狀（山木居士外集附）。

乾隆三十七年壬辰（一七七二），六十一歲。
是歲，仍任尤溪縣教諭。

乾隆三十八年癸巳（一七七三），六十二歲。
是歲，擢升爲河南省彰德府内黄縣知縣，未及赴任，卒，年六十二。弟朱仕琇撰筠園先生墓志銘。（梅崖居士文集卷一二）

參考文獻

朱仕玠：小琉球漫志，日本早稻田大學圖書館藏乾隆年間寫刻本。

朱仕玠：小琉球漫志，中國方志叢書影印臺灣圖書館藏抄本。

朱仕玠：小琉球漫志，臺灣文獻叢刊第三種。

趙爾巽等：清史稿，中華書局，一九七七年。

錢儀吉纂録：碑傳集，燕京大學研究所，一九三二年。

王鍾翰點校：清史列傳，中華書局，一九八七年。

周駿富：清代傳記叢刊，臺灣明文書局，一九八五年。

北京圖書館藏珍本年譜叢刊，北京圖書館出版社，一九九九年。

王雲五主编：新編中國名人年譜集成，臺灣商務印書館，一九八六年。
江慶柏：清朝進士題名録，中華書局，二〇〇七年。
余文儀：續修臺灣府志，臺灣文獻叢刊本。
王瑛曾：重修鳳山縣志，臺灣文獻叢刊本。
陳衍、沈瑜慶：民國福建通志，一九三八年刻本。
黄叔璥：臺海使槎録，臺灣文獻叢刊本。
乾隆建寧縣志，故宫珍本叢刊第一二三册，海南出版社，二〇〇一年。
光緒重纂邵武府志，中國地方志集成，上海書店出版社，二〇〇〇年。
吴海清：民國建寧縣志，中國方志叢書，成文出版社，一九六七年。
朱仕玠：筠園稿筠園删稿，清代詩文集彙編第三一七册，上海古籍出版社，二〇一〇年。
朱仕玠：谿音，清代詩文集彙編第三一七册。
朱仕琇：梅崖居士文集，乾隆四十七年松谷藏版。
魯九皋：魯山木先生文集，清代詩文集彙編第三七八册。
鄧作梅：雪莊文集，清代詩文集彙編第三三六册。

沈德潛：清詩別裁集，河北人民出版社，一九九七年。
陳慶元：福建文學發展史，福建教育出版社，一九九六年。

圖書在版編目(CIP)數據

採硫日記/(清)郁永河撰；于莉莉點校.
小琉球漫志/(清)朱仕玠撰；林春虹點校.
—福州：福建教育出版社，2023.8
(八閩文庫)
ISBN 978-7-5334-9531-2

Ⅰ.①採… ②小… Ⅱ.①郁… ②朱…
③于… ④林… Ⅲ.①歷史地理—史料—臺灣—清代②臺灣—地方志—清代 Ⅳ.①K928.649
②K295.8

中國版本圖書館 CIP 數據核字(2022)第 226514 號

採硫日記
小琉球漫志

作　　者：[清]郁永河　撰　于莉莉　點校
　　　　　[清]朱仕玠　撰　林春虹　點校
責任編輯：劉露梅
裝幀設計：張志偉
美術編輯：季凱聞
出版發行：福建教育出版社
電　　話：0591-87115073(發行部)
網　　址：http://www.fep.com.cn
地　　址：福建省福州市夢山路 27 號
郵政編碼：350025
經　　銷：福建新華發行(集團)有限責任公司
印刷裝訂：雅昌文化(集團)有限公司
地　　址：深圳市南山區深雲路 19 號
開　　本：890 毫米×1240 毫米　1/32
印　　張：11.375
字　　數：227 千字
版　　次：2023 年 8 月第 1 版第 1 次印刷
書　　號：ISBN 978-7-5334-9531-2
定　　價：72.00 元